兰州财经大学重点学科建设项目资助出版
兰州财经大学科研专项经费资助

DIFANG ZHENGFU
ZHUFANG ZHENGCE YICHENG DE YINGXIANG YINSU
JI ZUOYONG JILI YANJIU

地方政府
住房政策议程的影响因素及作用机理研究

郭晓云 著

中国财经出版传媒集团
经济科学出版社
Economic Science Press

图书在版编目（CIP）数据

地方政府住房政策议程的影响因素及作用机理研究/郭晓云著.—北京：经济科学出版社，2017.10

ISBN 978-7-5141-8575-1

Ⅰ.①地… Ⅱ.①郭… Ⅲ.①地方政府-住房政策-影响因素-研究-中国 Ⅳ.①F299.233.1

中国版本图书馆 CIP 数据核字（2017）第 254908 号

责任编辑：杜　鹏　张　萌
责任校对：隗立娜
责任印制：邱　天

地方政府住房政策议程的影响因素及作用机理研究

郭晓云/著

经济科学出版社出版、发行　新华书店经销
社址：北京市海淀区阜成路甲 28 号　邮编：100142
总编部电话：010-88191217　发行部电话：010-88191522
网址：www.esp.com.cn
电子邮件：esp_bj@163.com
天猫网店：经济科学出版社旗舰店
网址：http://jjkxcbs.tmall.com
北京季峰印刷有限公司印装
710×1000　16 开　10 印张　200000 字
2017 年 10 月第 1 版　2017 年 10 月第 1 次印刷
ISBN 978-7-5141-8575-1　定价：49.00 元
(图书出现印装问题，本社负责调换。电话：010-88191502)
（版权所有　翻印必究　举报电话：010-88191586
电子邮箱：dbts@esp.com.cn）

前　言

　　住房需求是人们生活的基本需求之一，而住房消费又是关系国民经济发展的战略性支柱产业，因而住房政策兼具社会保障属性和经济调控属性。自20世纪80年代我国推行住房改革，在稳步提升人民居住质量的大前提下，也显现出了住房阶层分化的社会现状：一方面是福利分房的获益群体、先期买房的暴富群体、结婚有房群体、享受购房优惠的特殊群体；另一方面则是背负重贷的房奴群体、保障房前徘徊的低收入群体、无房不婚的受困群体、户籍所限的外来务工群体。三十多年住房政策的演变中，社会民众和国内外学者都更多地关注政策内容和政策实施，而对政策议程相对忽视。在政策主体方面，尽管地方政府是地方住房政策的制定者、执行者，但由于中央政府作为住房政策的总规划部门指导着地方政府的政策出台和落实执行，因此，相比较地方政府，中央政府得到理论界和社会民众更广泛的关注。政策议程是政策过程研究的前决策阶段，它起始于政策问题的界定，一个社会问题如何转化为一个政策问题，一个政策问题如何上升到政府议程，这不仅彰显着一个国家民主政治的发展，也体现了政策决策的科学运作机制。

　　基于此，本书以地方政府为研究对象、以地方政府住房政策议程为研究主题、运用结构方程模型（SEM）实证分析了地方政府住房政策议程的内涵、影响因素及其之间的作用关系。

　　本书研究的主要内容是：首先，通过文献计量分析法对政策议程、住房政策和住房政策议程进行了文献计量分析，发现尽管政策议程和住房政策的研究成果颇为丰富，但住房政策议程研究仍为薄弱，从而进一步佐证了本书的选题价值和研究意义。在此基础上，本书系统地梳理了相关文献研究成果，通过借鉴理论基础和文献研究的理论观点，运用结构方程模型（SEM）工具，构建了地方政府住房政策议程及其影响因素的测量模型，并就二者之间的关系构建了结构模型，根据结构模型提出了本书的研究假设。其次，本书基于甘肃省六个地级市的问卷调查，借助SPSS和Stata数据分析工具验证了本书所构建的结构方程模型和研究假设，数据结果显示六类影响因素中有三类通过了验证，十八个研究假设中有六个通过验证。本书对此数据结果进行了理论分析，并从住房政策议程、地方政府行为、政府与社会关系的角度展开了相关讨论。最后，本书进行了研究结论总结和研究展望构想。

本书的主要研究结论是：第一，多源流理论的核心思想在地方政府住房政策议程的内涵检验中得到部分验证；第二，地方政府住房政策议程的影响因素只包括主体因素、社会因素和财政因素；第三，主体因素对地方政府住房政策议程的影响是通过对"问题感知"和"政治动力"的作用完成；第四，社会因素对地方政府住房政策议程的影响是通过对"方案备选"的作用完成；第五，财政因素对地方政府住房政策议程的影响是通过对"问题感知""方案备选""政治动力"的作用完成。

本书的理论贡献主要体现在以下四个方面：第一，本书验证了多源流理论在中国情境下的理论解释力，其核心思想得到了大部分验证，从而进一步拓宽了该理论的外部效度。第二，本书对政策议程理论中政策议程设置的相关因素进行了构成要素和影响因素的区分，从而对政策议程的内涵和外延进行了严格的界定和划分，这为研究政策议程的运行机理提供了要素分类的理论基础。第三，本书通过文献研究和实地访谈构建了地方政府住房政策议程的结构方程模型，在对甘肃省六个地级市的实证检验中，该模型部分通过了验证，这是基于我国现实国情所构建的理论模型，对于我国地方政府其他领域的民生政策议程也具备一定的借鉴价值。第四，我国的住房政策研究较多地集中在住房问题研究和政策效果研究（参见本书第2章第2.2节文献计量部分），尽管诸位学者基于不同的研究视角进行了相关领域深入细致的分析，但研究主题之间或多或少是相互割裂的。本书基于住房政策议程的理论研究，有助于将这些研究主题关联起来，从而更好地解释这些住房问题的形成原因和政策实施的执行效果。

本书的完成几经周折，尽管如此，截止出版之日书稿依旧还有诸多瑕疵，但前路漫漫，拙作的出版也仅为自己研究生涯中的阶段性成果，只为抛砖引玉，若能引起更多读者的兴趣与讨论，推进中国地方政府政策议程的科学化与民主化，也是本书为社会所尽的一点绵薄之力。

作 者

2017 年 8 月

目 录

第 1 章 绪论 ………………………………………………………………… 1
  1.1 研究问题的提出 ………………………………………………………… 1
  1.2 研究意义 ………………………………………………………………… 3
  1.3 研究思路、内容与方法 ………………………………………………… 4

第 2 章 文献研究与理论基础 …………………………………………… 8
  2.1 核心概念界定 …………………………………………………………… 8
  2.2 我国地方政府住房政策议程相关研究的文献计量分析 …………… 12
  2.3 住房政策议程相关研究的理论综述 ………………………………… 19
  2.4 理论基础：多源流理论 ……………………………………………… 37

第 3 章 概念模型构建与研究假设提出 ………………………………… 43
  3.1 我国地方政府住房政策议程的概念模型构建 ……………………… 43
  3.2 研究假设提出 ………………………………………………………… 55

第 4 章 变量测量、问卷设计与数据收集 ……………………………… 66
  4.1 变量测量 ……………………………………………………………… 66
  4.2 问卷设计 ……………………………………………………………… 72
  4.3 数据收集 ……………………………………………………………… 89

第 5 章 假设检验 ………………………………………………………… 92
  5.1 地方政府住房政策议程的测量模型 ………………………………… 92
  5.2 地方政府住房政策议程影响因素的测量模型 ……………………… 96
  5.3 地方政府住房政策议程的结构方程模型 …………………………… 101
  5.4 假设检验结果 ………………………………………………………… 105

第6章 研究结果与研究讨论 ·· 107
6.1 研究结果 ·· 107
6.2 研究讨论 ·· 114

第7章 研究结论与研究展望 ·· 120
7.1 研究结论 ·· 120
7.2 理论贡献与研究不足 ·· 122
7.3 研究展望 ·· 123

附录一 《地方政府住房政策议程的影响因素及作用机理研究》调查问卷 ·· 125

附录二 甘肃省住房政策议程影响因素的实证分析 ············· 129

参考文献 ·· 144

后记 ·· 154

第1章

绪　　论

1.1　研究问题的提出

政策议程是公共政策制定过程的前决策阶段，自纳德·科恩于1963年提出议程设置理论，学者们分别基于政府视角、公众视角、媒介视角研究政策议程的实质与内涵。1972年，科恩、马奇等人基于对组织行为中非理性因素的关注提出了"垃圾桶模型"理论；约翰·W. 金登在科恩、马奇等人的研究基础之上，通过四年的实证调查，创立了多源流分析框架；雷·N. 格斯顿在金登的多源流理论基础上提出了政策议程创建的触发机制。这些理论成果引入我国之后，引起中国学者的学习和研究热情，但与此同时，作为以美国为代表的西方政治制度背景下构建的政策议程理论是否适用于中国情境，也引起了学者们的质疑。譬如，在媒介议程方面，一些不符合执政党意识形态、不利于社会稳定、可能会引发社会思潮的社会问题就难以报道，进而也就难以形成"问题源流"[①]。在政治影响方面，由于我国是"共产党领导的多党合作和政治协商制度"，执政党地位稳固，不存在西方政党竞选制度下对选民的投票争取和利益迎合，"执政党领导政府，政府影响社会"是我国对国民情绪引导的特色方式，因而我国的政治环境与多源流理论中的政治源流有所区分[②]。由此可知，在借鉴学习西方政策议程理论的同时，也必须清晰地认识到，由于政治体

[①]　李丹林. 媒介融合时代传媒管制问题的思考——基于公共利益原则的思考［J］. 现代传播（中国传媒大学学报），2012（5）：10-14.

[②]　林尚立. 当代中国政治形态研究［M］. 天津：天津人民出版社，2000：322.

制的根本不同，我国的政策议程与西方国家相比会呈现出一定的独特性和差异性。

公共政策是对全社会的价值做权威性的分配[①]，公共利益体现的是公共政策的本质属性。而政策议程起始于政策问题的界定，政策问题的界定主体、界定方式彰显着一个国家民主政治的发展。就我国而言，"民意如何表达""公众如何参与""利益表达机制是否畅通"恰恰体现着"人民群众当家做主"的社会主义国家本质。但是，也应看到，在我国发展的特定时期特定范围之内群体性事件频发、"闹大"现象愈演愈烈、"上访"与"截访"、维稳经费增加等都表明我国政策议程某种程度的封闭性和自上而下的特点。同时，政出多门的随意性、政策变更的随机性、有令不行的对峙性，也表明了我国政策议程中某种程度上方案选择的非科学性。因此，我国政策实施中的诸多问题往往能上溯到最初的政策议程缘由。

另外，我国的政治体制决定了公共政策的制定以中央政府意图为主，因而对政策议程的研究也主要集中在中央政策议程方面。譬如，校车安全事故频发对《校车安全条例》出台的议程影响，任建宇案对《劳教制度》议程建构的影响等。而地方政府作为中央设置于特定行政区域的国家机关，往往根据各地实际情况，承担着中央政策精神的解读、细化、制定和执行功能，但是在实际运行中，却往往出现"上有政策下有对策"的政策落实不利和政策执行扭曲等现象，中央政策难以贯彻落实，政策精神常常扭曲变形。地方政府既是地方公共政策的制定主体又是承担地方公共事务支出的责任主体，其政策议程不仅受到我国根本政治制度的影响同时也受到地方利益主体的身份影响。因此，地方政府的政策议程不仅事关中央政策的精神落实更涉及地方发展和各方利益协调。

而住房政策是一个涉及多方利益主体的社会政策领域，社会主体的参与动机强烈，其议程设置对于研究中国公共政策议程具有很强的代表性，具体来说：（1）住房政策是关涉百姓住房福祉的社会政策，社会关注度高，百姓参与意识强，在政策议程的公众议程方面具有很强的代表性；（2）我国的住房政策不仅注重其社会保障属性还强调其经济调控功能，利益关系博弈在政策议程设置中发挥着重要的作用；（3）由于我国的财政分税体制，地方政府"公

---

① David Easton. The Political System [M]. New York：Kropf，1953：129.

司化"成为一个突出的问题①，在政府议程设置中，除了政治影响和百姓诉求，地方政府自身的利益动机也极大地影响着政府议程的构建；（4）尽管我国住房政策研究成果显著，但以住房政策议程为主题的研究并不多见，因此，本书基于政策议程和住房政策的文献研究，以政策议程的研究框架分析住房政策议程这一"暗箱"，具有重要的理论和实践意义。

基于此，本书研究的核心问题是：地方政府住房政策议程的内涵是什么？影响地方政府住房政策议程的因素有哪些？地方政府住房政策议程影响因素的作用机理是什么？

1.2 研究意义

1.2.1 理论意义

第一，从研究对象来看，我国政策议程研究主要集中在中央政策议程，而对地方政府政策议程的研究成果尚显不足，本书以地方政府政策议程为研究对象，有助于丰富我国政策议程理论。

第二，从研究内容来看，尽管我国住房政策研究理论建树较多，但住房政策议程研究仍显薄弱，本书将从政策议程视角对住房政策理论有所补充。

第三，从研究方法来看，我国已有的政策议程研究主要采用逻辑推演法和质性研究法，其中案例分析和解释学方法是应用最广的一种手段。鉴于目前的政策议程理论尚缺乏量化研究的支持，本书通过问卷调查运用结构方程模型实证检验了地方政府住房政策议程的影响因素及其作用机理，力求为我国政策议程理论提供一定的实证支持。

1.2.2 实践意义

地方政府住房政策既事关当地百姓利益又体现中央政策精神，政策议程的民主性、科学性、合理性是公共政策制定中"公平性"和"效能性"的前提

---

① 杨志勇. 分税制改革中的中央和地方事权划分研究 [J]. 经济社会体制比较, 2015 (3): 21-31.

保障。清晰地界定地方政府住房政策议程的影响因素并了解其作用机理，一方面有助于中央政策与地方政策的对接与协调，从而消解"上有政策下有对策"的政策执行不利现象，促进政令畅通；另一方面有助于促进政府与民众的沟通机制，以更好地了解民情、掌握民意，使住房政策真正地体现公共利益。

近年来，在我国住房政策的制定与执行过程中，由于住房类型的复杂、政策主体的多样、利益关系的权衡，致使部分群体的住房利益并没有得到保障，而在保障房的资金来源、建筑质量等方面，地方政府行为与中央政府要求也存在很大差距，同时由于住房改革所导致的房价连续上涨也拉大了住房群体之间的生活差异。在我国，通常情况下是中央政府出台精神、地方政府出台方案、相关部门出台办法，但由于各级政府的政策着眼点不同、面临的困境不同，因此无论政府间合作还是部门间协调往往存在一定的目标偏离。而政策议程是政策过程的起始阶段，研究一个住房问题如何上升为一个政策问题，有哪些因素在影响，其影响机理如何，对于构建科学民主的政策议程、制定科学有效的政策方案、保障切实可行的政策实施具有重大的实践意义。

1.3 研究思路、内容与方法

1.3.1 研究思路

本书的研究思路主要包括：提出研究问题、进行理论分析、构建概念模型、提出研究假设、进行问卷设计与数据收集、开展假设检验、进行实证检验结果的理论分析并展开相关讨论、得出研究结论。

首先，住房政策是国内外研究的一个热点问题，其研究视角包括社会学、公共政策学、制度经济学等，但住房政策议程研究是一个典型的公共政策前决策阶段研究，这一研究并未形成热点，究其原因，一方面是由于我国政策议程研究还未得到应有的重视，另一方面是因为隐藏在背后的政策议程暗箱，无论是质性研究还是量化研究，以政府部门及官员为调查对象的研究总是操作难度较大的研究。本书力图揭开住房政策议程的面纱，以"地方政府住房政策议程"为研究的核心问题。

其次，本书通过对已有文献的梳理与总结，以及对多源流理论基础的深入解读，同时通过对地方政府住房管理与服务的相关政府部门的深入访谈，构建了基于多源流理论基础上的我国地方政府住房政策议程模型并提出相应的研究假设。

最后，根据构建模型与研究假设设计并优化调查问卷，对样本地区进行问卷调查，对获取的研究数据借助 SPSS 和 Stata 数据分析工具，检验本书构建的理论模型和研究假设，并对实证检验结果进行理论分析与相关讨论。本书的技术路线见图 1-1。

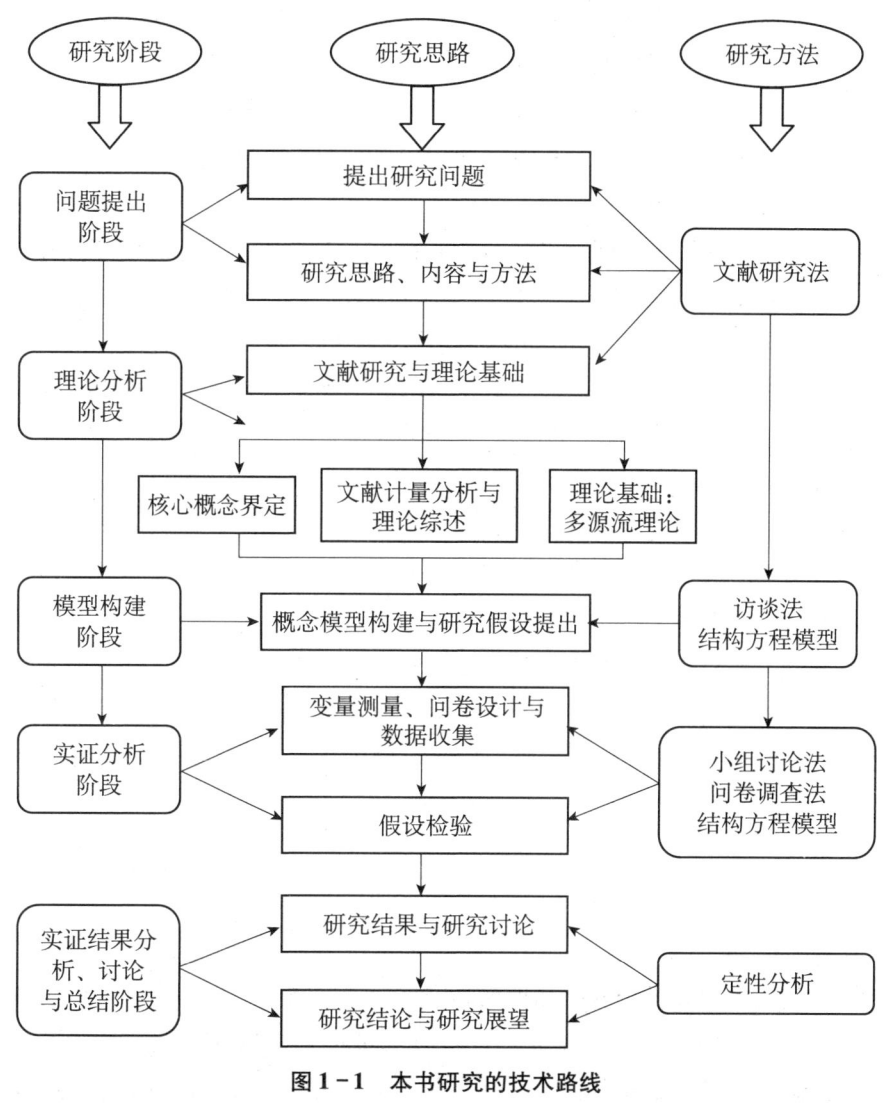

图 1-1 本书研究的技术路线

1.3.2 研究内容

本书共分为七章,各章的主要内容如下。

第1章,绪论。本章主要提出研究问题,阐述研究意义,明确研究思路、内容与方法。

第2章,文献研究与理论基础。本章首先界定了核心概念,其次对相关文献进行了文献计量分析并梳理和总结已有文献的理论成果,最后阐述并讨论了本书的理论基础——多源流理论。

第3章,概念模型构建与研究假设提出。本章在文献综述与多源流理论基础的梳理与分析基础上,结合深度访谈,构建了地方政府住房政策议程的结构方程模型并提出了六类十八个研究假设。

第4章,变量测量、问卷设计与数据收集。本章基于第3章所构建的理论模型,首先对测量变量进行了操作性定义说明,其次进行了问卷的设计与优化,最后对样本地区进行了问卷的调研与收集。

第5章,假设检验。本章基于第4章的数据收集对第3章所构建的地方政府住房政策议程的两个测量模型和一个结构模型进行了检验,对十八个研究假设逐一进行验证。

第6章,研究结果与研究讨论。本章主要对第5章的数据验证结果进行了理论分析,并展开了关于住房政策议程、地方政府行为以及政府与社会关系的相关讨论。

第7章,研究结论与研究展望。本章阐述了本书的主要研究结论,总结了本书的理论贡献与研究不足,结合本领域的研究进展与发展趋势提出了后续研究的思考与展望。

1.3.3 研究方法

1.3.3.1 文献研究法

主要包括文献计量分析法和理论归纳法。

(1) 文献计量分析法。是通过定量方法对相关文献的研究态势、研究主题、研究结构等进行量化分析,这既有助于佐证选题价值又有助于为后续理论综述的维度构建提供结构依据。

(2) 理论归纳法。是对与本书相关的政策议程理论、住房政策理论、多源流理论进行了文献的回顾、梳理、总结与提炼，这既有助于厘清相关概念又为后续的理论模型构建、问卷设计、研究结果讨论提供了理论支撑与依据。

1.3.3.2 实证研究法

（1）访谈法。主要运用于模型构建和数据解释阶段。在模型构建中，对理论构建的每一个指标都进行了访谈确认，以确保模型构建既有理论依据又有实践考量。在数据解释阶段，对基于样本地区数据调查的分析结果，通过访谈调查，对实证检验结果做出充分的符合现实情况的理论解释。

（2）专家小组讨论法。根据文献研究和访谈调查所形成的变量及测量题项，初步设计形成原始问卷。在此基础上，本书组织了两次专家小组讨论会，其成员包括住房管理与服务部门的政府官员 3 位、高校研究者 3 位。小组就量表的题项设计、表述方式及后期的数据预处理进行了充分的讨论和商榷，最终确定了本书的调查量表。

（3）问卷调查法。本书共使用初测和正式调查两次问卷调查，初测是以预调查方式收集数据以确保问卷的信度和效度，正式调查则是用经过可靠性检验和探索性因子分析修正后的调查问卷进行大样本数据收集。本书首先选取了甘肃省兰州市两个住房管理和服务部门的工作人员进行了调查问卷的初测，修正了调查问卷中题项的语义表达、结构排序，优化后得到正式问卷，正式调查则选取了甘肃省六个地级城市作为样本地区。从初测开始至问卷调查结束，整个过程持续一年，每一个样本地区笔者都亲自前往，不仅问卷的附录部分包含各个测量指标的定义说明，在现场填答过程中，笔者也在随时进行解释说明。

1.3.3.3 数据分析方法

由于本书是自行进行量表开发，因此，对地方政府住房政策议程的内涵构成和影响因素这两个分量表首先进行了探索性因子分析。在探索性因子分析中，对数据的信度检测主要进行了内部一致性分析，对数据的效度检测主要进行了基于主成分提取的因子分析法，分析工具是 SPSS 19.0 统计软件。之后，本书运用通过检验和修正后的量表进行了样本地区的数据收集，对测量模型和结构模型的验证主要采用了 Stata 统计软件进行结构方程模型的验证性分析。

第 2 章

文献研究与理论基础

本章主要对与本书研究有关的核心概念进行界定、对与地方政府政策议程及住房政策议程相关的文献,进行文献计量分析和理论综述,以及对本书的理论基础——多源流理论进行深度解析。

2.1 核心概念界定

2.1.1 地方政府

为便于国家治理的稳定、有序和效能,世界大多数国家都设有地方政府,但对地方政府概念的理解则略有偏差。国际社会科学百科全书对地方政府的定义是,"地方政府一般可以认为是公众的政府,它有权决定和管理一个较小地区的公众政治,它是地区政府或中央政府的一个分支机构。地方政府在政府体系中是最低一级,中央政府为最高一级,中间部分就是中间政府(如州、地区、省政府等)。"[①] 这个概念界定按照政府层级序列将地方政府限制在最低一级,与我国地方政府的概念的界限不符。我国龙朝双等主编的《地方政府学》将地方政府界定为,"指由中央政府依法设置的,治理国家部分地域或部分地域某些社会事务的政府。地方政府通常由地方权力(议决或立法)机关和地方权力执行机关(行政机关)组成,不包括设置在本地域内的地方军事机关

---

① 转引自陈嘉陵. 各国地方政府比较研究 [M]. 武汉:武汉出版社,1991:10.

和地方司法机关。"① 这个概念界定是一个广义概念，将地方权力机关和地方权力执行机关都纳入地方政府概念范畴。而《辞海》中将地方政府界定为"地方政府是中央政府的对称。设置于地方各级行政区域内负责行政工作的国家机关"。我国 2004 年修订的《宪法》第 105 条规定："地方各级人民政府是地方各级国家权力机关的执行机关，是地方各级国家行政机关。地方各级人民政府实行省长、市长、县长、区长、乡长、镇长负责制。"这两种概念界定视为地方政府的狭义概念，即只是地方权力机关的执行机关。鉴于本书研究地方政府的住房政策议程，既包括地方权力机关的立法行为，也包括行政机关在行政管理中出台的政策、文件、办法等行政管理行为，故本书研究中所指的地方政府是广义的概念范畴，既包括地方权力机关也包括地方权力执行机关。由于住房政策是涉及土地政策、金融政策、购买政策、税收政策等的一个政策体系，而在具体的住房政策出台中，部分县、区级政府的政策权力会被上收到地级市、州政府，因此，地级市、州政府则是响应政策精神、落实省级政府指示的重要政策主体，故本书的研究对象——地方政府，特指地级市、州政府。综上所述，本书中所指地方政府是指地级市、州的地方权力机关和地方权力执行机关。

2.1.2 政策议程

20 世纪五六十年代，H. 拉斯韦尔构建了政策过程阶段模型，该模型重点研究政策过程的决策阶段并成为早期政策科学的主流研究范式，而政策议程并未得到足够关注。政策问题如何进入决策者视野是政策议程研究的核心问题，"一般而言，政策问题的界定既可以被看做政策议程设置的一个组成部分，也可以认为政策问题的界定过程在某种意义上说就是一种政策议程的设置过程，两者只是基于不同的观察问题角度。"② 1963 年伯纳德·科恩提出了议程设置理论，其"媒介议程→公众议程→政策议程"的三阶段论的核心思想成为政策议程构建的一种主导运作模式。王绍光对这三个概念进行了区分："媒介议程是指大众传媒频频报道和讨论的问题；公众议程是引起社会大众广泛关注的问

---

① 龙朝双，谢昕. 地方政府学 [M]. 武汉：中国地质大学出版社，2001：7.
② 赵德余. 公共政策：共同体、工具与过程 [M]. 上海：上海人民出版社，2011：119.

题；政策议程是指决策者认为至关重要的问题。"① 戴维·伊斯顿在《政治生活的系统分析》中将建立议程称为"看门"；伊斯顿用一个关于政治的"系统模型"来界定在一些更广泛的"环境"内的输入、通过量、输出及反馈机制的运作情况；输入或要求经过政治系统而通过由一些"看门人"看守的检查站，政策议程就是由这些"看门人"的行动所决定的。② 关于"政策议程"的概念界定，主要有三种研究视角：一是以罗格·W.科布和查尔斯·D.艾尔德为代表的政府视角，他们认为政策议程是"一组值得政府合法关注的政治纷争，一组按计划应引起决策层积极而密切关注的事物"③，我国学者刘伟、黄健荣也认为，政策议程是公共权力系统"通过一定的选择与过滤机制确定社会问题的轻重缓急，并将其提上政府议事日程、纳入决策领域的过程"④，这种观点强调了政策议程中政府的主导性作用，体现了政策议程的本质特征。二是基于公民社会力量的壮大，社会公众能够以外在压力形式影响公共政策过程，"政策议程"概念以公众视角进行界定。我国台湾地区学者吴定和邱昌泰对此有清晰表述，"政策议程乃是一个公共问题成为社会上的重大'议题'并引起多数人注意，进而被政府机关接纳，列入处理解决议程的整个过程。"⑤ "所谓政策议程就是政策制定者对于来自社会的强烈需求采取积极的因应行动，并将它列入政府处理公共问题的公共计划时程表，以解决公共问题，满足人类需要。"⑥ 三是从公共政策过程的阶段论视角来界定政策议程，譬如，托马斯·A.伯克兰认为"政策议程就是一系列问题的集合，是对那些引起公众和政府官员注意的公共问题的原因、标志、解决方法和其他方面的因素的理解"⑦。伯克兰提出完整的政策议程建构要经历一般议程→公众议程→制度议程→决策议程这样四个依次递进的发展阶段。约翰·W.金登综合上述三种研究视角中政策主体的差异和政策过程的分析，指出政策议程"就是对政府官员以及与其密切相关的政府外人员在任何给定时间认真关注的问题进行的

---

① 王绍光. 中国公共政策议程设置的模式［J］. 中国社会科学, 2006 (5)：86-99.

② ［美］约翰·W.金登. 议程、备选方案与公共政策［M］. 北京：中国人民大学出版社, 2004：10.

③ Roger W. Cobb, Charles D. Elder. Participation in American Politics: the Dynamics of Agenda-Building ［M］. Baltimore: John Hopinks University Press, 1972：22.

④ 刘伟, 黄健荣. 当代中国政策议程创建模式嬗变分析［J］. 公共管理学报, 2008 (3)：31.

⑤ 吴定. 公共政策［M］. 台北：中华股份有限责任公司, 2002：114.

⑥ 邱昌泰. 公共政策：当代政策科学理论之研究［M］. 台北：巨流图书公司, 1999：124.

⑦ Thomas A. Birkland. An Introduction to Policy Process: Theories, Concepts, and Models of Public Policy Making ［M］. New York: M. E. Sharpe, Inc., 2001：106.

编目"①，本书采用约翰·W. 金登的政策议程定义。

2.1.3 住房政策

住房政策是社会政策研究的重要领域，因而对住房政策的理解可以从社会政策理论进行解析。传统的社会政策往往把住房政策划归为单边转移的社会服务，即政府通过特定机构按照一定的标准和程序将福利资源配给到需求群体手中的社会服务，这种住房资源被视为简单福利品。我国1949～1978年的福利住房政策就属于这种由政府和企事业单位负责住房投资、无偿进行实物分配的简单社会政策品。但简单社会政策品是消费导向的社会政策，它虽然有助于社会公平正义的体现，但无助于个体资产能力的建设和国民经济的发展，同时财政压力极大，这使得供给方式由简单社会政策品逐步过渡到复杂社会政策品。复杂社会政策品兼具社会保障属性与经济发展属性，重在帮助社会成员提高资产建设能力，同时有效地缓解财政压力，在帮助社会成员加强资产能力建设的同时也有助于提升国民经济的发展水平。以此为基础的住房政策便与经济政策紧密相关，政策导向从福利分配转为资产建设，投资主体从单纯依赖政府转为政府、社会、家庭相结合的互助形式，从而既提升了人们的生活品质又促进了国家的经济繁荣。东亚地区的日本、新加坡，以及我国香港地区均采取了这种复杂社会政策品的住房政策，并取得良好的社会保障与经济发展的政策效应。我国自1979年开始试点出售房屋，逐步建立起多层次住房供应制度，形成以公积金为主体的金融配套措施，在提升居民住房品质、增强家庭资产建设能力和促进国民经济发展方面取得了显著成效。因而，本书所研究的住房政策是强调由政府部门出台的兼具社会保障属性与经济发展属性的复杂社会政策品，旨在既保障社会弱势群体的基本住房需求、又帮助社会广大成员提高资产建设能力同时还有效地缓解地方财政压力。就其内涵来说，住房政策是一个政策体系，具体来说包括四个基本方面：房地产税收制度、政策性住房金融制度、公租房制度和以货币工具为主的房地产市场调控政策。通常情况下，国家的住房政策包括两个层次：一是中央政府的住房政策；二是地方政府的住房政策。中央政府的住房政策往往是带有原则性指导意见的基本政策，地方政府的住房政

---

① [美]约翰·W. 金登. 议程、备选方案与公共政策[M]. 北京：中国人民大学出版社，2004：4.

策则是根据中央政府的基本住房政策要求，结合各地实际情况制定适合本地区特点的具体政策。结合本书"地方政府住房政策议程"的研究主题，本书中所指的住房政策特指地方政府为改善居民居住条件、综合考虑社会保障要求和经济发展需求而制定的关于住房的投资、建造、流通、分配和消费等的政策体系。

2.2 我国地方政府住房政策议程相关研究的文献计量分析

由于政策议程研究在我国起步较晚，因而围绕住房政策议程的相关文献并不是很丰富，故本书先运用文献计量分析法对政策议程、住房政策和住房政策议程进行文献计量分析，从而获知各自的研究热点和主题结构，也进一步佐证了本书的选题价值和研究意义。

2.2.1 政策议程研究的文献计量分析

2.2.1.1 分析样本的建立与研究方法

（1）分析样本的建立。本书以《中国期刊全文数据库》（CNKI）为样本来源，文献检索时间截止在2015年8月1日以前，检索得到有关政策议程研究的文献1013篇，去重和剔除不相关文献后，最终得到799篇文献，以此作为对我国政策议程研究基本状况加以描述的整体性样本。

检索方式如下：

主题（Topic）= "政策议程"

时间范围：2015年8月1日以前

资料来源：《中国期刊全文数据库》（CNKI）

（2）研究方法。本书使用浙江大学刘启元、叶鹰研究开发的文献题录信息统计分析工具软件SATI（Statistical Analysis Toolkit for Information）[1]，导入通过《中国期刊全文数据库》（CNKI）导出的Endnote格式的题录数据，进行发表年份、作者、期刊来源以及关键词等字段信息的抽取和词条频次的统计，实

---

[1] 刘启元，叶鹰. 文献题录信息挖掘技术方法及其软件SATI的实现——以中外图书情报学为例[J]. 信息资源管理学报，2012（1）.

现各知识单元共现矩阵的构建，结合 SPSS、Ucinet、NetDraw 等分析软件，使用词频分析法通过对关键词共现的高低，来确定研究热点及其变化趋势。

2.2.1.2 我国政策议程研究状况整体描述

（1）文献增长情况。根据对来源文献后期预处理情况看，我国政策议程研究起始于 1995 年，随后受到普遍关注，文献量呈快速增长态势（见表 2-1，图 2-1）。

表 2-1　　　　　　　　　　政策议程文献数量

序号	年份	篇数	序号	年份	篇数
1	1995	1	12	2006	29
2	1996	3	13	2007	38
3	1997	1	14	2008	65
4	1998	1	15	2009	36
5	1999	1	16	2010	79
6	2000	9	17	2011	97
7	2001	9	18	2012	95
8	2002	7	19	2013	91
9	2003	20	20	2014	84
10	2004	18	21	2015	29
11	2005	24			

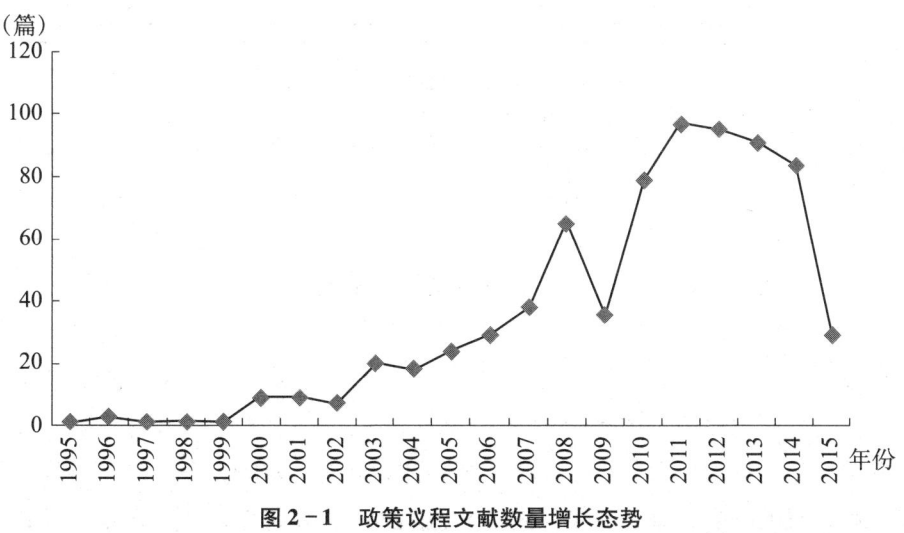

图 2-1　政策议程文献数量增长态势

(2) 我国政策议程研究的主题结构及知识图谱。

第一，聚类分析和热点主题。本书中将 SATI 软件的 Rows/Cols 知识单元数选项设定为30，以此得出我国政策议程研究的高频关键词共现相似矩阵，将其导入 Ucinent 软件开展了层次聚类分析（具体见图2-2）。聚类分析又称群分析，它是研究（样品或指标）分类问题的一种多元统计方法，所谓类，通俗地说，就是指相似元素的集合。在社会科学研究中，也常用来揭示某一学科或者某一具体研究领域的研究主题结构。根据聚类分析图，我国住房政策的研究热点主要包括：（1）政策议程理论和核心要素研究；（2）政策议程的影响因素研究；（3）多源流理论研究；（4）教育政策议程研究。

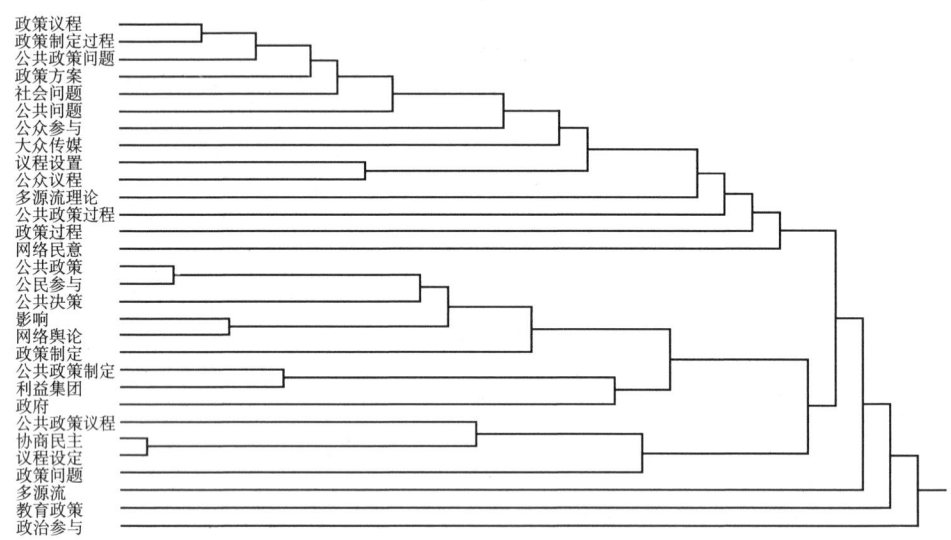

图2-2 政策议程研究的聚类分析

第二，社会网络分析和主题结构。本书将我国政策议程研究高频关键词共现相似矩阵导入 Ucinet 软件，通过 NetDraw 软件分析得出如下网络知识图谱（见图2-3）。从图2-3中可知，公共政策、政策议程和议程设置三个关键词位于图谱的最核心位置，这三个节点与其他关键词节点连线最多，表明它们在政策议程研究中占据重要位置。根据节点间的距离远近和连线粗细可分析出关键词之间的关系强弱，从而总结出我国政策议程的研究主题及结构，具体如下：一是公共政策制定的影响因素：网络舆论、公民（众）参与、政府；二是政策议程的构成要素：社会问题、公共政策问题、政策方案、政策过程；三是议程设置的影响因素：政策问题、利益集团、大众媒体；四是政策问题建构的影响因素：政治参与、公众议程、大众传媒、政策议程；五是多源流理论；六是教育政策议程。

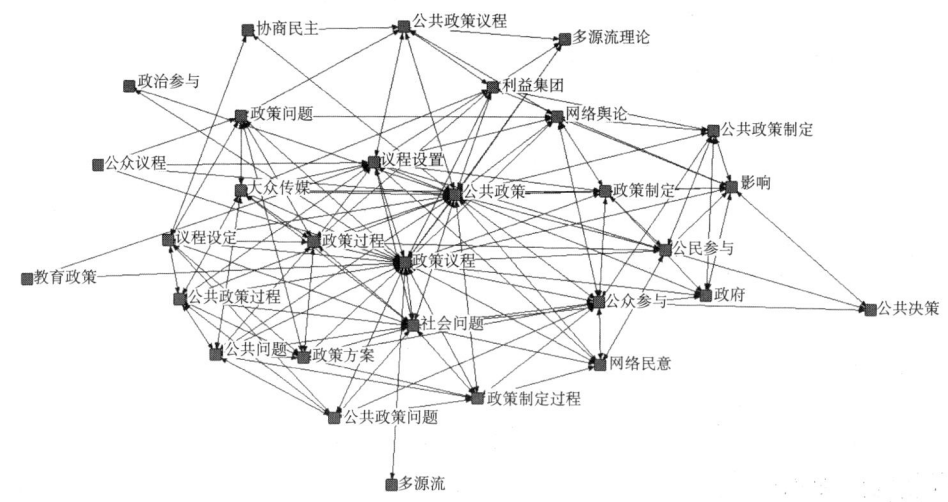

图 2-3　政策议程研究的关键词共现网络知识图谱

根据上述分析，政策议程的构成要素、政策议程的影响因素、多源流理论将构成本书关于"政策议程研究"的主要理论分析维度。

2.2.2　我国住房政策研究的文献计量分析

分析样本的建立与研究方法与前述相同，以《中国期刊全文数据库》（CNKI）为样本来源，文献检索时间截止在 2015 年 8 月 1 日以前，检索得到有关住房政策、房地产政策研究的文献 5119 篇，其中被引用文献 630 篇，剔除行业动态、会议综述和其他不相关文献（诸如有关城市化），最终得到 583 篇文献，以此作为对我国住房政策研究基本状况加以描述的整体性样本。

检索方式如下：

主题（Topic）＝"住房政策"或"房地产政策"

时间范围：2015 年 8 月 1 日以前

资料来源：《中国期刊全文数据库》（CNKI）

2.2.2.1　文献增长情况

根据对来源文献后期预处理情况看，住房政策研究起始于 20 世纪 90 年代初，随后受到普遍关注，文献量呈快速增长态势（见表 2-2，图 2-4）。

表2-2 住房政策被引文献数量表

序号	年份	篇数	序号	年份	篇数
1	1993	1	12	2004	18
2	1994	2	13	2005	32
3	1995	2	14	2006	51
4	1996	2	15	2007	64
5	1997	1	16	2008	66
6	1998	10	17	2009	71
7	1999	5	18	2010	90
8	2000	11	19	2011	67
9	2001	14	20	2012	28
10	2002	26	21	2013	7
11	2003	19			

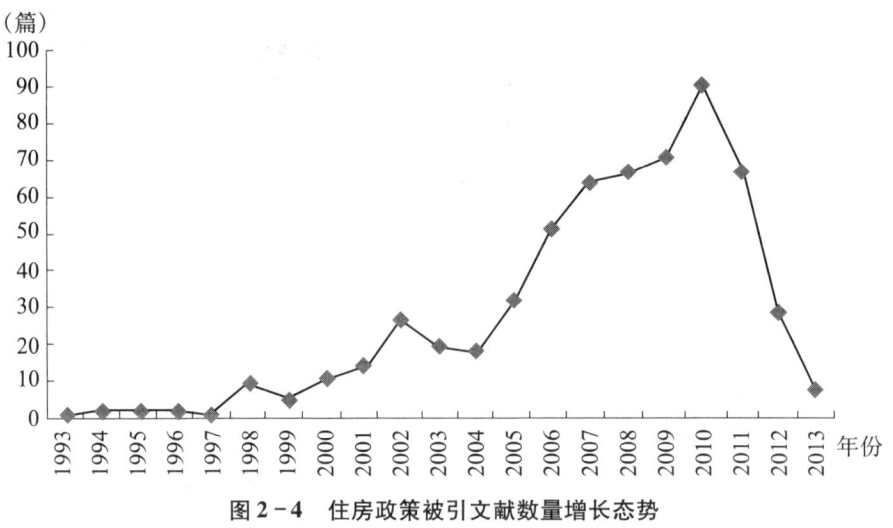

图2-4 住房政策被引文献数量增长态势

2.2.2.2 实证研究对象

对我国住房政策实证研究对象进行词频统计分析，累计出现20次省市地名，其中一线城市北京、上海、广州、深圳累计频次达13次，其他中西部省市累计频次为7次。具体见表2-3。

2.2.2.3 我国住房政策研究的主题结构及知识图谱

（1）聚类分析和热点主题。本书将SATI软件的Rows/Cols知识单元数选项设定为30，以此得出我国住房政策研究的高频关键词共现相似矩阵，将其

表2-3　　　　　　　　　实证研究对象频次统计

序号	省市	频次	序号	省市	频次
1	北京	6	7	广西	1
2	上海	4	8	福建	1
3	广州	2	9	宝鸡	1
4	深圳	1	10	天津	1
5	宁波	1	11	重庆	1
6	鄂尔多斯	1			

导入 Ucinent 软件开展了层次聚类分析（具体见图2-5）。根据聚类分析图，我国住房政策的研究热点主要包括：第一，我国住房（房地产）政策的宏观调控研究；第二，以农民工为代表的住房问题研究；第三，社会保障性住房研究；第四，房地产市场研究；第五，住房政策的社会效应研究。

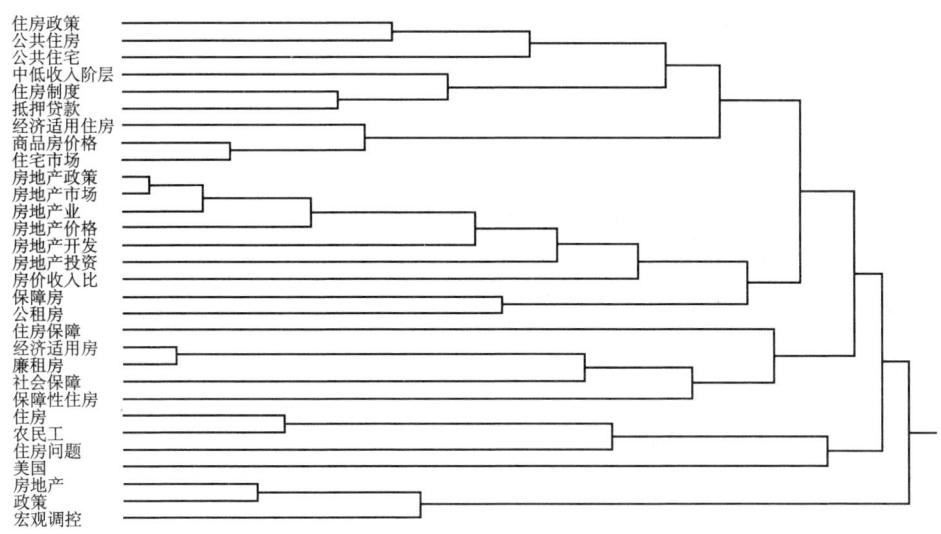

图2-5　住房政策研究的聚类分析

（2）社会网络分析和主题结构。通过社会网络分析可以探讨一个学科或主题的研究结构（核心与边缘）。社会网络分析将关键词视为结点（actor），结点位置越居中越核心，关键词之间的共现关系被视为结点间的连线（tie），连线越粗关系越强。本书将我国住房政策研究高频关键词共现相似矩阵导入 Ucinet 软件，通过 NetDraw 软件分析得出网络知识图谱（见图2-6）。图2-6中可知，住房政策和房地产政策两个关键词位于图谱的最核心位置，二者分别衍生出以住房保障为核心的保障性住房政策研究主题、以房地产市场为核心的房地产调控政策研究主题以及二者相互作用叠加的住房制度对房地产市场、经济适用房、公共住宅以及贷款综合影响的研究主题。

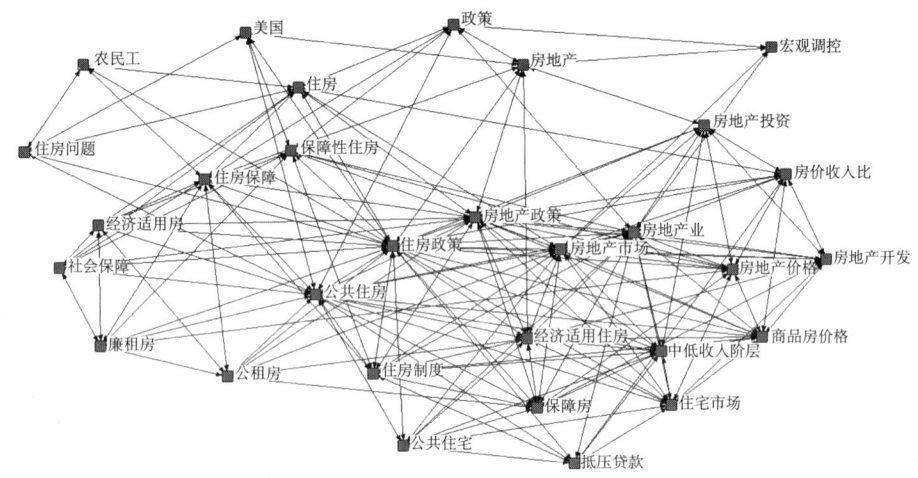

图 2-6　住房政策研究的关键词共现网络知识图谱

根据上述分析可知，我国住房政策的研究成果主要围绕"住房政策问题"和"住房政策效果"这两大主题呈现出面广类多的特点，这为本书的概念模型构建提供了丰富的理论基础。本书关于"地方政府住房政策议程"的研究将根据政策议程的相关理论构建论文整体分析框架，而住房政策议程相关要素的提取、筛选、确定将主要依托已有的住房政策研究成果。

2.2.3　我国住房政策议程研究的文献计量分析

本书以《中国期刊全文数据库》（CNKI）为样本来源，文献检索时间截止在2015年8月1日以前，分别以"主题=住房政策 and 主题=政策议程""主题=房地产政策 and 主题=政策议程""主题=住房 and 主题=政策议程""主题=房地产 and 主题=政策议程"进行文献检索，共计得到6篇文献，去除和剔除不相关文献后，最终得到3篇文献，分别是朱亚鹏和肖棣文（2012）发表在《公共行政评论》上的《谁在影响中国的媒体议程：基于两份报纸报道立场的分析》、谢启秦（2013）发表在《党政干部论坛》上的《公共政策制定中利益相关者分析——以房地产政策制定为例》和刘志林（2009）发表在

《城市与区域规划研究》上的《低收入住房政策模式选择的中央—地方差异——基于网络分析法（ANP）的决策模型分析》。3 篇文章针对住房议题分别从媒体议程、利益相关者和政府议程进行了理论研究。

由此可知，尽管我国住房政策研究的文献成果较多，但围绕住房政策议程的研究较为薄弱，从而进一步佐证了本书关于"住房政策议程"研究的选题价值。

2.3 住房政策议程相关研究的理论综述

2.3.1 政策议程的一般研究

2.3.1.1 政策议程的概念界定

关于政策议程的概念界定主要有三个研究视角：一是基于问题流向的研究视角；二是基于政府及决策权力机构的研究视角；三是基于公众参与的研究视角。基于问题流向的研究视角，典型代表是托马斯·A. 伯克兰[1]、托马斯·戴伊[2]，在我国代表性学者有胡平仁[3]、胡伟[4]等，这一研究视角的核心思想是强调，政策议程是指那些能引起公众和政府官员注意的公共问题并能上升到决策阶段的整个过程。基于政府及决策权力机构的研究视角，其典型代表有：科布和艾尔德[5]、詹姆斯·E. 安德森[6]，我国学者有王满船[7]、舒泽虎[8]、张国庆[9]、张金马[10]、曾峻[11]等，这一理论视角的观点是，政策议程是指公共决策者

---

[1] Thomas A. Birkland. An Introduction to Policy Process: Theories, Concepts, and Models of Public Policy Marketing [M]. New York: M. E. Sharpe, Inc., 2001: 106.
[2] ［美］托马斯·R. 戴伊. 理解公共政策（第十版）[M]. 北京：华夏出版社，2004：32.
[3] 胡平仁. 政策问题与政策议题 [J]. 湘潭大学社会科学学报，2001（1）：110.
[4] 胡伟. 政府过程 [M]. 杭州：浙江人民出版社，1998：236.
[5] Roger W. Cobb, Charles D. Elder. Participation in American Politics: the Dynamics of Agenda-Building [M]. Baltimore: John Hopkins University Press, 1972: 22.
[6] ［美］詹姆斯·E. 安德森. 公共决策 [M]. 北京：华夏出版社，1990：69.
[7] 王满船. 公共政策制定：择优过程与机制 [M]. 北京：中国经济出版社，2004：61.
[8] 舒泽虎. 公共政策学 [M]. 上海：上海人民出版社，2005：168.
[9] 张国庆. 公共政策分析 [M]. 上海：复旦大学出版社，2004：171.
[10] 张金马. 政策科学导论 [M]. 北京：中国人民大学出版社，1992：146.
[11] 曾峻. 公共管理新论——体系、价值与工具 [M]. 北京：人民出版社，2006：304.

关注到公共政策请求并计划通过公共政策行为予以解决的活动过程。基于公众参与的研究视角，代表性学者有拉雷·N.格斯顿[①]、王绍光[②]，以及我国台湾地区学者吴定[③]和邱昌泰[④]等，这一理论视角侧重于强调，政策议程是社会公众通过形成一定的政治压力促使公共政策决策者关注到某一社会问题并将其列入议事程序的整个过程。

2.3.1.2 政策议程的构成要素研究

美国著名政策科学家和政治学家、密歇根大学政治学系教授约翰·W.金登在对美国卫生政策领域和运输政策领域长达四年的实证调查和案例研究的基础上出版了专著《议程、备选方案与公共政策》，提出了多源流理论，构建了政策之窗开启的问题流、政策流和政治流三流汇合的理论框架，而该理论框架也清晰地阐明了政策议程的核心构成要素，即政策问题、备选方案和政治源流。其中，指标、焦点事件及项目反馈是政策问题的发现手段；而备选方案及政策建议产生于政策原汤，政策原汤是由政策企业家、国会委员会成员、官僚、学者、思想库中的研究人员等组成的政策共同体中产生的思想方案；而政治源流则包含公众情绪、压力集团之间的竞争、政府的变更、意识形态等因素。美国学者弗朗西斯·C.富勒（Francis C. Fowler）[⑤]基于教育政策议程的研究将政策议程分为综合性政策议程和政府政策议程，综合性政策议程包括三种具体的政策议程，分别是公众性政策议程、专业性政策议程和传媒性政策议程。

2.3.1.3 政策议程的影响因素研究

关于政策议程的影响因素，学者们分别从社会价值观、政策参与者、利益相关者、触发机制等进行了理论探讨。

（1）社会价值观。谢泼德和沃斯[⑥]从对社会价值观的认知层面上指出，一个社会的价值观、信仰和态度影响着人们对于客观社会状况的主观看法，即是否把某一社会状况当作社会问题来对待深受人们价值观的影响。而Schneider

---

[①] ［美］拉雷·N.格斯顿.公共政策的制定：程序和原理［M］.重庆：重庆出版社，2001：52.
[②] 王绍光.中国公共政策议程设置的模式［J］.中国社会科学，2006（5）：87.
[③] 吴定.公共政策［M］.台北：中华股份有限责任公司，2002：114.
[④] 邱昌泰.公共政策：当代政策科学理论之研究［M］.台北：巨流图书公司，1999：124.
[⑤] ［美］弗朗西斯·C.福勒.教育政策学导论［M］.南京：江苏教育出版社，2007.
[⑥] ［美］乔恩·谢泼德，哈文·沃斯.美国社会问题［M］.乔寿宁，刘乙合，译.太原：山西人民出版社，1987：3.

和 Ingram① 则从社会价值观的内容层面上分析了社会行动或政策方案中的工具取向和正义取向，他们指出，在价值取向上，针对权贵阶层应倡导工具取向，意在谋求国家长远发展，针对弱势群体则应强调正义取向，从而体现社会公平正义。

（2）政策参与者。早在1939年，格里菲斯（Ernest S. Griffith）② 就指出，"在立法者、行政人员、游说者、学者这些对具体问题感兴趣的人之间所形成的关系要比国会和行政部门间的一般关系更为真实。换句话说，那些试图对政府行为现行模式作出理解的人如果不拘泥于正式制度的话，就会在他对特定社会问题'漩涡'的关注和研究中发现事件实际发生过程的清晰图像。"张康之和向玉琼③对此作出清晰的解释，"正式制度所规定的政策过程中的参与者与实际的政策制定过程中的参与者是不同的，政策制定是发生在问题'漩涡'（whirlpool）中的，而这个'漩涡'则是由那些对政策议题感兴趣的人组成的。"金登④将政策参与者区分为两种类型：前台参与者和后台参与者，在政策前台活跃的是那些选任官员及其委任的官员，包括总统及其任命的高级官员，国会要员，政党和竞选者等与选举有关的角色，以及传媒；后台参与者主要包括各类学术专家、顾问和职业官僚，为利益集团服务的分析师，以及国会职员。美国学者 Nicholson-Crotty 和 Kenneth Meier⑤ 则从政策参与者的角色定位将其划分为道德企业家和政治企业家两种类型，道德企业家主要是一些非政府组织或个人，他们进行积极的政策建议、价值引导或社会救助，政治企业家主要是政府部门，他们能敦促政策问题向政策议题的转化。

（3）利益相关者。对于利益相关者的研究，早期道格拉斯·凯特（Douglas Cater）⑥ 创造了"影子政府"这一概念，他基于对美国食糖进口配额决策的实证研究，用"影子政府"（subgovernment）一词描述了其中关键人物所形

---

① Schneider Anne, Helen Ingram. Policy Design for Democracy [M]. Lawrence, KS: University Press of Kansas, 1997: 134.
② J. Leiper Freeman. the political process [M]. New York: Random House, 1965: 6.
③ 张康之，向玉琼. 政策问题建构中"议题网络"的生成 [J]. 江苏社会科学，2015（1）：52-60.
④ [美] 约翰·W. 金登. 议程、备选方案与公共政策 [M]. 北京：中国人民大学出版社，2004：148-149.
⑤ Nicholson-Crotty Sean, Kenneth Meier. From Perception to Public Policy: Translating Social Constructions into Policy Designs [A]. Anne Schneider, Helen Ingram. In Deserving and Entitled: Social Constructions and Public Policy, ed. Albany [C]. NY: SUNY Press, 2005: 223-242.
⑥ Douglas Cater. Power in Washington [M]. New York: Random House, 1964: 17.

成的网络，揭示出"影子政府"中的政治权力"大部分属于制订配额计划的国会农业委员会的主席，但老资格的文官，美国农业部的食糖部门都在分享这一权力，另外，糖业生产者、食糖提炼厂以及国外生产商的华盛顿代表也在提供建议。"里普利（Randall Ripley）和富兰克林（Grace Franklin）① 对"影子政府"的概念进行了清晰的界定："影子政府是个体组成的集群，他们在既定的政策的主体领域中有效地控制了常规决策……一个典型的影子政府的组成包括众议院和/或参议院的议员，国会工作人员，一些官僚和一些对这一政策领域感兴趣的集团和组织的代表。"西奥多·洛伊（Theodore Lowi）② 在研究美国农业政策制定的过程时，提出了"铁三角"理论："每个系统中的政策是基于一个三角交易模式，包括中央当局、国会委员会或亚委员会，以及地方农场主联盟。三角的每一边都补充并支撑着其他两边。"20世纪70年代末，"铁三角"或"影子政府"受到了其政策系统封闭性、僵化性和孤立性的批判。之后，休·赫克罗（Hugh Heclo）③ 在《议题网络与执行机制》一文中提出"议题网络"的概念，他认为多数政策议题的决策方式并非纯粹的"铁三角"模式，而可能是在政党、国会、行政系统等正式组织结构之外所形成的一种非正式的、复杂的、开放的"议题网络"中进行的，议题网络包括大量的参与者，这些参与者做出的承诺以及彼此依赖的程度是不同的。萨巴蒂尔④在政策网络的解释框架下发展出了"倡议联盟框架"，他认为尽管议题网络中的行动者存在分歧和冲突，但"冲突的程度取决于相关参与者是在信念体系的'次要'方面还是'核心'方面存在不同意见。"随着20世纪后期，社会复杂性不断加剧，政府权威遭受挑战，"现在有越来越多的组织参与了决策制定，因而将利益团体排除在决策之外也变得越来越难，这导致查尔斯·琼斯将当前的决策模式描述为'脆弱的大六边形'而不是'惬意的小三角形'。"⑤ 不仅是社会团体的增长，非政府组织的大量涌现，打破了以政府为中心的政策议题建构模

---

① Randall Ripley, Grace Franklin. Congress, the bureaucracy and public policy [M]. Dorsey Press, 1984: 10.
② Grant Jordan. Sub-government, policy communities and networks: refilling the old bottle? [J]. Journal of Theoretical Politics, 1990 (2).
③ Hugh Heclo. Issue networks and the executive establishment [M]. in A. King (ed.) The New American Political System. Washington, DC: AEI. 1978: 102.
④ ［美］保罗·A. 萨巴蒂尔，汉克·C. 詹金斯-史密斯. 政策变迁与学习：一种倡议联盟途径 [M]. 邓征，译. 北京：北京大学出版社，2011：24.
⑤ ［美］盖依·彼得斯. 美国的公共政策——承诺与执行（第六版）[M]. 顾丽梅，等，译. 上海：复旦大学出版社，2008：37-38.

式。鲍姆加特纳等人指出,"从1960年前后开始,利益集团动员的巨大优势逐渐被公民和消费者团体与日俱增的动员弄得支离破碎。后者在许多经济领域中已经活跃起来,将以前相对绝缘的次级系统转变为充满更多冲突的政策网络,这些冲突性的网络对政策目标首次表现出重大分歧,这一点引人注目。"[1] 对于政府,布坎南(James M. Buchanan)[2]认为,必须从一方面是狭隘利己的经济人,另一方面是超凡入圣的国家政府这一逻辑虚构中摆脱出来,将调查市场经济缺陷和过失的方法应用于国家和公共经济的一切部门。在这些利益相关者的操控和影响之下,美国学者拉雷·N. 格斯顿[3]对"隐蔽议程"进行了理论总结,指出"制度"的封闭性为隐蔽议程提供了体制基础,为了减少资源或者政治威望的重新配置,强大的私人利益就要左右或阻碍重大政策,权力流失在政府之外,"隐蔽议程"受到社会和政府主要领导人的控制。

(4) 触发机制。公共政策问题进入政策决策的轨道通常需要相应的"催化剂",这些"催化剂"的作用过程便构成了议程建构的实现机制。罗杰·柯布等[4]认为,问题能否进入公共议程,以下三个条件至关重要:一是该问题必须是受到广泛关注的问题;二是大量的公众必须有采取行动的要求;三是该问题必须是一个适当的政府机构所重视的。格斯顿[5]则从范围、强度和触发时间三个维度论证了议程创建中的触发机制,并把促使政策问题进入政策议程的因素分为国际和国内两个方面。安德森[6]将政策问题进入政策议程的机制分为四种:第一,政治领袖的触发;第二,危机事件的触发;第三,抗议活动的触发;第四,通信媒介的触发。

2.3.1.4 政策议程模式研究

美国学者罗格·W. 科布[7]根据政策问题的提出者在议程中的作用、影响力把政策议程模式分为三种基本类型,即外在创始型、政治动员型和内在创始

---

[1] [美]弗兰克·鲍姆加特纳,布赖恩·琼斯. 美国政治中的议程与不稳定性[M]. 曹堂哲,文雅,译,北京大学出版社,2011:173.
[2] 丁煌. 西方行政学说史[M]. 武汉:武汉大学出版社,2006:378.
[3] 拉雷·N. 格斯顿. 公共政策的制定——程序和原理[M]. 朱子文,译. 重庆:重庆出版社,2001:99-120.
[4] Roger Cobb, Jennie-Keith Ross, Marc Howard Ross. Agenda Building as a Comparative Political Process. The American Political Science Review, 1976, 70 (1):126-138.
[5] [美]格斯顿. 公共政策的制定——程序和原理[M]. 北京:商务印书馆,1990:23.
[6] [美]安德森. 公共决策[M]. 北京:华夏出版社,1988:72-75.
[7] 罗杰·W. 科布. 比较政治过程的议程制定[J]. 美国政治学评论,1976 (70):126-138.

型。刘伟[①]在此基础上将政策议程类型界定为内创型、动员型、相融型与外创型。向玉琼[②]根据社会发展环境与政策问题建构模式的关系指出，工业社会时期的政策问题建构模式是一种线性模式，而后工业社会时期的政策问题建构模式是一种合作模式。

2.3.2 我国政策议程研究

2.3.2.1 我国政策议程的一般研究

就我国政策议程的创建主体而言，刘伟[③]认为主要包括政治领袖、利益集团、大众传媒和政策企业家，但随着社会公众公民意识的提高，社会公众的影响作用也越来越大。就我国政策议程特点而言，沙奇志[④]认为：首先，"内输入"模式影响力较强，外部参与力度不够；其次，精英决策模式仍占主导，公民自治力度不够；最后，现代决策程序开始起步，但体系尚不完善。薛澜和陈玲[⑤]总结中国政策过程的特点为：政策议程设定与政治高度相关、政策目标追求"模糊共识"、政策决策过程"讨价还价"、政策执行呈现出显著的差异性和多样性、政策变动周期不稳定等。就我国政策议程构建模式的影响因素而言，刘伟[⑥]认为根本政治制度的选择、执政党的地位与意识形态特点、国家与社会的关系、行为者的认知特点与价值取向、体制内与体制外行为者的对话结构是主要因素。刘明厚[⑦]具体分析了多元社会中的价值影响，他从应然的角度指出，现代多元化社会应达成两种基本共识，即政治共识与意义共识，前者是一种"承认政治"下的"合法反对"，后者是一种意义共契——多种意义知识共同支撑的多元的意义知识网络。姜国兵[⑧]认为定量化问题指标的突变、定性化焦点事件、危机和符号这三者的结合是社会问题转化为政策议题的关键因

---

① 刘伟. 政策议程创建的基本类型：内涵、过程与效度的一般分析［J］. 理论与现代化，2011（1）：43-51.
② 向玉琼. 政策问题建构线性模式及其解构［J］. 江苏行政学院学报，2012（3）：111-116.
③ 刘伟. 政策议程创建过程的主体分析［J］. 广东行政学院学报，2010（12）：5-9.
④ 沙奇志. 政府公共政策制定中的公共利益与公众参与［J］. 江淮论坛，2011（1）：49-53.
⑤ 薛澜，陈玲. 中国公共政策过程的研究：西方学者的视角及其启示［J］. 中国行政管理，2005（7）：99-103.
⑥ 刘伟. 政策议程创建模式转型与政府治理能力提升［J］. 改革，2008（8）：139-144.
⑦ 刘明厚. 论多元社会的共识基础——兼论我国和谐社会的共识建设［J］. 理论与改革，2011（2）：5-8.
⑧ 姜国兵. 公共政策议程的设定机制探究［J］. 江南社会学院学报，2009（3）：67-70.

素。就我国政策议程存在的问题而言，孙萍和许阳[①]揭示了我国"政策问题界定"中公共性取向的现实偏离，主要体现为主体平等性的缺失、程序民主性的游离、结果合法性的不足等问题。祝小宁和白秀银[②]分析了公共政策议程被扭曲的原因，认为政策中的利益关系是人们有意扭曲政策议程的根源，而传统官僚体制的运行机制则是导致政策议程被无意扭曲的根源，具体来说，地方政府自利性是人为扭曲政策议程的根本原因，利益团体过度影响是人为扭曲政策议程的直接手段，权威领导人的个人素质是人为扭曲政策议程的重要影响因素，而权力系统的封闭性则是政策议程被扭曲的体制基础。

2.3.2.2 我国政策议程研究的分析框架

于永达和药宁[③]以多源流理论为基础，基于我国的现实背景，从"执政党的政治取向"、"允许表达的社会问题"和"具有相容性的备选方案"的三个维度构建了理论分析框架。张海柱[④]基于社会建构论的视角提出，政策议程设置应涉及"社会现象（客观实在）—社会问题（各种主观诠释）—政策议题（被决策者认可的诠释类型）"三个阶段，对政策议程设置过程的分析可以集中关注"行动者—情境—策略"三个维度。鲁先锋[⑤]基于"权力距"视野研究了政策议程设置，构建了触点（政策问题）、动力（利益诱导与群体力量对比）、方向（议程演变的动态趋向）三个因素分析框架，并指出缩小"权力距"的努力常常受制于客观条件、资源投入、利益冲突和价值分歧等诸多因素，因此为推动政策议程设置，应提高议题倡议群体的影响力、采取联盟战略、利用媒体和舆论、运用恰当的表达方式等。

2.3.2.3 我国政策议程模式研究

王绍光[⑥]将我国政策议程模式区分为六种类型，即关门模式、动员模式、内参模式、借力模式、上书模式和外压模式，其中"关门模式"和"动员模

---

① 孙萍，许阳. 我国"政策问题界定"公共性取向的现实偏离 [J]. 行政论坛，2013（1）：52-57.
② 祝小宁，白秀银. 公共政策议程被扭曲的原因分析及对策研究 [J]. 电子科技大学学报（社科版），2008（1）：49-52.
③ 于永达，药宁. 政策议程设置的分析框架探索——兼论本轮国务院机构改革的动因 [J]. 中国行政管理，2013（7）：27-31.
④ 张海柱. 政策议程设置中的社会建构逻辑——对"农村义务教育学生营养改善计划"的分析 [J]. 学术论坛，2013（3）：174-180.
⑤ 鲁先锋. "权力距"视野下的政策议程设置研究 [J]. 上海行政学院学报，2012（3）：69-75.
⑥ 王绍光. 中国公共政策议程设置的模式 [J]. 中国社会科学，2006（5）：86-99.

式"逐渐式微,"内参模式"成为常态,"上书模式"和"借力模式"时有耳闻,"外压模式"频繁出现。刘伟和黄建荣[①]构建了公共政策议程创建的"体制—过程"模型,并以此为工具把改革开放以来我国公共政策议程模式概括为:政治权威主导模式、经济理性引导模式、多元主体互动模式,刘伟[②]进一步阐释了多元主体互动模式在我国的发展趋势与发展条件。王春福[③]认为协同回应模式已成为当今我国公共政策议程的重要模式,该模式是多元互动、整体协同和有效回应的统一,它实现了政策需求和政策供给的统一、社会议程和政府议程的统一、政策工具和政策价值的统一,但同时它也带来滞后效应、碎片效应和屏蔽效应等负效应;为了弱化其负效应,必须把滞后的回应性议程、超前的规划性议程和长远的制度性议程有机结合起来,才能有效提高公共政策的有效性。鲁全[④]基于中央—地方关系视角对养老保险政策的议程模式进行了研究,他指出目前我国的养老保险政策议程模式主要包括三种路径:一是中央政府的利益失衡直接启动政策议程;二是中央政府利益失衡但委托地方政府提供相关信息,并在此基础上决定是否将政策问题纳入政策触发程序;三是地方政府利益失衡并通过选择性的信息显示推动中央政府进行政策触发。

2.3.2.4 我国政策议程的公众议程研究

战建华[⑤]、何华兵[⑥]等分析了我国公众议程建立的障碍和处于弱势的重要原因,其中官僚体制的局限、公众权力的离散、"内输入"政策模式的限制、特殊利益集团的影响、公众政治参与的缺失是根本性因素。针对"内输入"政策议程的主导,如何强化"外输入"机制成为学界的一个研究热点。宫月[⑦]分析了我国网络民意输入机制的运行过程,主要表现为:网络话题集结阶段、

---

① 刘伟,黄健荣. 当代中国政策议程创建模式嬗变分析 [J]. 公共管理学报, 2008 (7): 30 - 40.
② 刘伟. 论我国政策议程设置模式的演进与优化 [J]. 江苏行政学院学报, 2012 (5): 106 - 112.
③ 王春福. 论公共政策议程的协同回应模式——以温州金融体制综合改革试验区议程为例 [J]. 浙江社会科学, 2013 (7): 60 - 65.
④ 鲁全. 基于中央地方关系的养老保险政策议程模式研究 [J]. 中国人民大学学报, 2011 (3): 113 - 119.
⑤ 战建华. 中国的政策议程分析——以公众议程为视角 [J]. 经济与社会发展, 2009 (1): 69 - 71.
⑥ 何华兵. 中国公共政策的公众议程设置模式的探讨 [J]. 甘肃行政学院学报, 2008 (1): 87 - 89.
⑦ 宫月. 网络民意输入机制——政策议程设置的一种外输入机制解读 [J]. 学理论, 2015 (9): 11 - 12.

公众议题争辩阶段、意见趋同阶段和向政策部门施压阶段；周颖和颜昌武[①]以《校车安全管理条例》的出台为例研究了焦点事件对议程设置的影响；王雄军[②]以《人民日报》的公共卫生政策议题变迁为例研究了焦点事件对政策变迁的引发机制。在公众议程研究中，弱势群体的利益表达一直备受关注。郑海明和丁雷[③]分析了社会转型期弱势群体的利益表达机制，郑素侠[④]认为理论上农民工利益表达的途径有三类：第一类是利益组织的表达，包括了行政组织和社团组织；第二类是舆论表达，即通过大众媒介来表达自己的利益诉求；第三类是行动表达，即为争取利益而直接行动。但实际上，陈映芳[⑤]通过调研发现，当前居委会、街道成为贫困群体最主要的利益表达渠道，而外来人员，包括农民工在内的利益表达在某种程度上可以说是无制度性支持的状态。章绍甫和邱新有[⑥]剖析了农村社会情绪难以进入政策议程的主要原因是农村社会自身存在的弱点、政府的科层体系以及大众传播媒介对农传播的忽视与偏见分别切断了农村社会情绪的人际传播链、组织传播链和大众传播链。韩志明[⑦]针对当今"大闹大解决、小闹小解决、不闹不解决"的"闹大"社会现状从理论上归纳了"闹大"的发展过程，概括和抽象了"闹大"的逻辑，并在公民与政府关系的框架下，从利益表达、资源动员和议程设置三个方面对"闹大"的功能性作用进行了深入的描述性分析。他进一步指出[⑧]，"闹大"一方面反映了治理体系的碎片化问题，另一方面又从不同方面修正和弥合了治理体系碎片化的问题。应星[⑨]在其《大河移民上访的故事》中也提出"'问题化'恰恰展现了这样的一种逻辑，社会中的弱势群体'要使自己的具体问题纳入政府解决问

---

① 周颖，颜昌武. 焦点事件对议程设置的影响研究——以《校车安全管理条例》的出台为例[J]. 广东行政学院学报，2015 (4): 34-39.
② 王雄军. 焦点事件与政策间断——以《人民日报》的公共卫生政策议题变迁为例[J]. 社会科学，2009 (1): 45-50.
③ 郑海明，丁雷. 社会转型期弱势群体的利益表达机制探析[J]. 山东社会科学，2007 (2): 155-158.
④ 郑素侠. 媒介化社会中的农民工：利益表达与媒介素养教育[M]. 北京：中国社会科学出版社，2013: 89-90.
⑤ 陈映芳. 贫困群体利益表达渠道调查[J]. 战略与管理，2003 (6).
⑥ 章绍甫，邱新有. 农村社会情绪难以进入政策议程的原因分析[J]. 国家行政学院学报，2007 (2): 41-44.
⑦ 韩志明. 利益表达、资源动员与议程设置——对于"闹大"现象的描述性分析[J]. 公共管理学报，2011 (4): 52-66.
⑧ 韩志明. 公民抗争行动与治理体系的碎片化——对于闹大现象的描述与解释[J]. 人文杂志，2012 (3): 163-171.
⑨ 应星. 大河移民上访的故事[M]. 北京：三联书店，2001: 317.

题的议事日程中,就必须不断运用各种策略和技术把自己的困境建构为国家本身真正重视的社会秩序问题'"。闵学勤[①]研究了我国公众议程中的阶层化影响,他指出日趋固化的阶层结构使得阶层利益表达越来越程式化,而这又进一步加剧了社会结构的阶层分化。

2.3.2.5 我国政策议程的媒介议程研究

陈堂发[②]总结了我国大众媒介确立政策议题的主要方式有公开报道"焦点事件"和内参方式,而大众媒介建构政策议题的具体手段包括:报道有公共价值的诉讼行为、扩散专家建议与观点和关注公民公益性上书行为。徐增辉和刘志光[③]认为,我国大众传媒的政策议程设置功能主要体现为主动设置议程、聚合放大公众议程、曝光隐蔽议程、担当触发机制。但杨思文[④]指出,传媒模式是公共政策议程建构诸多模式中的一种,目前该模式存在的主要问题是对弱势群体等关注过少,不利于这一群体在公共政策过程中的利益表达,总的来看,我国大众传媒对工人、农民这两个数量庞大群体的报道相对薄弱。陈姣娥和王国华[⑤]分析了网络时代公民自媒体(微博客等)激活政策沉淀、助推焦点事件、触发公共政策议程等现象,揭示中国的政策议程设置正由传统的"自上而下"单向性方式向"自下而上"的交互性方式转型,提出了政策议程设置的"自媒体触发模式"。王晓华[⑥]通过系列实证方法研究了我国的媒介议程,研究发现,媒体议程会对公众议程产生影响,接触媒体频次较多的社会公众对社会问题的关注度更高,公众只对与个人生活密切相关的议题保持关注。在大众传播、人际传播和直接经验对公众的议程设置和涵化效果影响方面,王晓华[⑦]发现,在议程设置效果层面,三种途径接触社会治安议题对公众都具有议程设置的效果,并且接触信息途径越多,对该议程关注的程度越高,对社会现实的判断越受信息内容的影响;在涵化效果层面,个人的直接经验和人际传播

[①] 闵学勤. 行动者的逻辑——公众参与的阶层化与结构化研究[J]. 江苏社会科学, 2013(4): 47-53.

[②] 陈堂发. 政策议题建构中的新闻报道作用分析[J]. 南京社会科学, 2008(4): 95-101.

[③] 徐增辉, 刘志光. 政策议程设置的途径分析[J]. 学术研究. 2009(8): 60-65.

[④] 杨思文. 公共政策议程中的传媒模式及存在的问题探析[J]. 东南传播, 2012(12): 83-85.

[⑤] 陈姣娥, 王国华. 网络时代政策议程设置机制研究[J]. 中国行政管理, 2013(1): 28-33.

[⑥] 王晓华. 媒体议题与公众议题基于议程设置理论的实证研究[J]. 新闻与传播研究, 2008(5): 32-36.

[⑦] 王晓华. 大众传播、人际传播及直接经验的议程设置与涵化效果——以深圳的社会治安议题为例[J]. 新闻与传播研究, 2009(3): 50-59.

显著地影响了公众的感知,媒介信息使公众关注议程,并影响了公众对社会公共空间的判断,但是没有显著地影响公众的感知。在"报料信息内容"、"媒体呈现的报料内容"及"报料人群体抽样调查"的相关性研究方面,王晓华[①]研究发现,报料人群体是公众中积极参与媒体议题建构的群体,他们具有显著的设置议题意识,但是参与议题建构的能力有限,原因之一是多数报料人将媒体视为可借助解决来自群众社会问题的工具;报料信息经过媒体把关人的严格判断和挑选才可能进入媒体议题,这种挑选并非按照各类信息报料的多少来确定,而是根据是否具有"新闻价值"来判断;报料人群体参与建构媒体议程的目标能否实现,要看各媒介组织自身的定位和媒体框架。

2.3.2.6 我国政策议程的政府议程研究

与西方国家政府不同,我国政府议程研究先需要对政府概念做出清晰阐释。张小明[②]指出,在当代中国的政治体制下,这里的政府概念的内涵应有所扩大,包括党组织和政府组织,而且党组织是政府机构的核心,更是制定公共政策的核心主体即政策中枢,不理解这一点,就无法解释当代中国的公共政策,更不用说试图解读当代中国公共政策制定的过程了。薛澜和陈玲[③]也指出不同于西方国家政府,中国政府在实践中具有"议行合一"的特征,政府既负责重大政策的决策,又负责政策执行和修改;人大作为立法机关,在现实中属于"二线";近几年随着政府体制的改革,人大等权力机关的作用开始加强,但政府在决策过程中仍然发挥着核心作用。而社会问题如何被政府体察并上升到政策问题,韦长伟[④]总结了社会问题发展历经了问题性阶段、问题感阶段、问题度阶段和问题的制度化四个阶段;艾医卫和彭福清[⑤]分析了社会问题被国家机关认识并确定为政策问题的主要条件和途径在于:一是客观形势的压力;二是领导人的认识;三是公众诉求的推动;四是大众传媒的关注。张

---

① 王晓华. 报料人参与媒体议程设置情况的实证研究 [J]. 新闻与传播研究, 2010 (3): 28 - 34.

② 张小明. 内部输入:解读当代中国公共政策制定的输入机制 [J]. 宁夏社会科学, 2000 (5): 21 - 25.

③ 薛澜,陈玲. 中国公共政策过程的研究:西方学者的视角及其启示 [J]. 中国行政管理, 2005 (7): 99 - 103.

④ 韦长伟. "问题化"逻辑:弱势群体抗争行动的一种解释 [J]. 理论与改革, 2011 (5): 97 - 100.

⑤ 艾医卫,彭福清. 社会问题进入政策议程的途径探析 [J]. 天津行政学院学报, 2001 (11): 30 - 33.

小明[①]进一步指出，在中国，常常是党组织和政府主动寻求和发现问题，并把它直接列入自己的议事日程，从而使这些问题并不经过公众议程而直接形成政策问题；可以说，党组织和政府是我国各种重大政策问题的主要提出者，发挥着主导作用；中国"内部输入"机制的途径也即政策议程建立的途径主要有：第一，结构内的组织体制和工作程序；第二，内部沟通通道和非正式关系；第三，大众传播媒介；第四，调查研究；第五，体制外压力。王锡锌和章永乐[②]用"专家理性和大众参与的双重缺位"来总结当前我国公共决策中存在的主要问题。刘倩[③]则对公共政策问题确认中政府行为研究进行了前在预设分析，她指出稀缺性假设、代议制下委托人—代理人之间的信息不对称假设、政府的"经济—道德人"假设是政府行为研究的三个前在预设。陈庆云[④]认为，政府依据自身利益的需求，对复杂的利益关系进行调整，实现对社会公共利益权威性的分配；一项政策的产生，是包括政府在内的各种利益群体，通过竞争、博弈与合作，而达到相对均衡的结果。

2.3.2.7 我国利益集团对政策议程的影响

龚小波[⑤]指出，利益集团对我国公共政策议程的消极影响主要有：一是部分强势利益集团扭曲政策议程；二是政府与利益集团的共谋导致公共政策非公共化。导致这一现象的主要原因是利益集团发育不成熟和由于参与制度尚未形成及法律制度不完善所导致的体制内参与途径不畅。朱光磊[⑥]也曾就中国的社会性利益群体指出，"它们既代表一部分群众向中国共产党和各级政府表达意见，又常常反过来协助党和政府做自己所代表的那部分群众的工作，而不是简简单单地施加压力。"范俊兵[⑦]指出目前我国利益集团发展中存在的主要问题有涉外利益集团的强势发展、国有垄断企业的超强地位、弱势群体无法形成有

---

① 张小明. 内部输入：解读当代中国公共政策制定的输入机制 [J]. 宁夏社会科学, 2000 (5)：21-25.

② 王锡锌, 章永乐. 专家、大众与知识的运用——行政规则制定过程中的一个分析框架 [J]. 中国社会科学, 2003 (3)：113-127.

③ 刘倩. 公共政策问题确认中政府行为研究的前在预设 [J]. 西北农林科技大学学报（社会科学版）, 2011 (1)：94-98.

④ 陈庆云. 关于"利益政策学"的思考 [J]. 北京行政学院学报, 2000 (1)：11-12.

⑤ 龚小波. 我国利益集团对公共政策议程的消极影响及对策研究 [J]. 求索, 2014 (12)：25-29.

⑥ 朱光磊. 当代中国政府过程 [M]. 天津：天津人民出版社, 1997：83.

⑦ 范俊兵. 公共政策制定——利益集团之间的博弈 [J]. 沿海企业与科技, 2008 (3)：46-48.

力的利益集团整合表达其利益、利益集团间的博弈规则不够健全。金艳荣[①]分析了公共决策中的利害相关者，主要涉及"政府决策者"、"政策受益者"与"政策牺牲者"三类主体，由于受益者会强烈地拥护该项政策，而牺牲者则会提出抗议的声音，因此，在政府决策中，会主动吸纳受益者参与决策，增强决策的"民主化"程度，与此同时，会尽量避免牺牲者的参与，减少政策制定与实施的阻碍；一般而言，参与公共决策的利害相关者有以下模式：无明显利害相关者、单一利害相关者、力量不均等多元利害相关者、力量均等多元利害相关者。陈水生和黄颖[②]剖析了利益集团和政治精英在隐蔽议程形成机制中的角色和关系，指出共容性利益、共生型关系和共谋型行动是隐蔽议程形成的原因和内在机理，只有通过建构开放性议程才能消解隐蔽议程的消极影响。

2.3.2.8 我国政策议程对民主政治的影响研究

这一领域的典型代表是张康之教授和向玉琼博士。张康之和向玉琼[③④⑤]深入分析了政策问题建构对民主政治的影响，一方面，政策问题建构中的专业知识与科学技术导向加速了政策议程脱离政治领域的进程，公共政策成为一种工具产品，而技术专家成为社会治理的中心，普通民众被排斥在外，民主走向衰落；另一方面，随着代议制民主所产生的治理精英，公众把自己的政策问题建构权交给这些选举出来的治理精英，便出现了政策问题建构权的异化，那些真正与公众切身利益相关的问题往往无法进入政策议程，而那些与公众利益无关的事项，治理精英则可以通过政党以及借助于舆论等各种各样的手段把其作为政策问题而加以重构。向玉琼[⑥]进一步以民主进程为中介变量分析了政策议程设置中的"不决策"现象与治理方式的关系，她指出，参与治理由于无法影响政策决策中的权力控制因而不能推进民主的实质性进展，故而不能撼动不决策；而合作治理可以淡化控制色彩，有助于增进实质性民主从而促成不决策的

---

① 金艳荣. 利害相关者参与公共决策：类型、过程与实现途径 [J]. 理论探讨，2014（1）：154-157.

② 陈水生，黄颖. 隐蔽议程形成机制中的利益集团和政治精英 [J]. 南京社会科学，2009（3）：77-81.

③ 张康之，向玉琼. 政策分析语境中的政策问题建构，东南学术，2015（1）：28-37.

④ 张康之，向玉琼. 政策问题建构专业化对民主政治的影响 [J]. 浙江学刊，2014（1）：60-70.

⑤ 张康之，向玉琼. 政策问题建构权演进的历史轨迹 [J]. 西北师大学报（社会科学版），2014（4）：5-15.

⑥ 向玉琼. 政策"不决策"及其合作治理 [J]. 学术论坛，2012（1）：56-61.

消解。王锡锌和章永乐[①]综合价值理性和工具理性，归纳出行政规则制定过程的两种范式，即大众参与模式与专家理性模式，并分析了它们各自的利弊。

2.3.3 我国住房政策议程研究

2.3.3.1 我国住房政策议程构建研究

朱亚鹏[②]指出，受制于当前我国民主参与的路径有限，社会大众在房地产调控中的作用薄弱，由于缺乏足够的组织动员、集体谈判和议价能力，再加上新闻媒体的宣传管制，致使社会对政府与市场监管无力，住房政策网络非常封闭。柏必成[③]基于多源流理论构建了改革开放以来我国住房政策的变迁动力模式，这一模式包含问题的变化、方案可行性的增强、政治形势的变化、外部事件的冲击、正面政策效果的积累这五种政策变迁动力因素。学者们比较关心的住房政策议题有：王宁和张杨波[④]指出，伴随住房供给模式的转变，住房获得模式从福利分房转变为货币买房，这种变化意味着普通工薪阶层不得不通过融资而获取住房，而融资方式又区分为制度融资方式和非制度融资方式，研究发现，人们在借助制度性融资渠道的同时常常不得不依赖非制度性融资渠道，非制度性融资方式的兴起与住房的制度性融资方式的缺陷有关。陈杰[⑤]指出，当前困扰中国住房公积金制度发展的关键问题在于，其功能定位已经滞后于新时期社会经济背景的变化，但在当前仍有保留的价值和存在的意义，应对其功能做重大的重新定位与组织体制的再调整。而由住房改革所引发的住房不公更是引起诸多学者的关注。李健正[⑥]认为，虽然1979年的房改使得城市居民的居住条件得到较大改善，但是住房改革带来的住房分配不公的加剧则被忽视了。

---

① 王锡锌，章永乐. 专家、大众与知识的运用——行政规则制定过程中的一个分析框架[J]. 中国社会科学，2003（3）：113-127.

② 朱亚鹏. 住房货币化改革与社会公平——贵阳房改个案研究[J]. 武汉大学学报（哲学社会科学版），2006（9）：661-668.

③ 柏必成. 改革开放以来我国住房政策变迁的动力分析——以多源流理论为视角[J]. 公共管理学报，2010（4）：76-85.

④ 王宁，张杨波. 住房获得与融资方式[J]. 广东社会科学，2008（1）：164-170.

⑤ 陈杰. 中国住房公积金的制度困境与改革出路分析[J]. 公共行政评论，2010（3）：91-119.

⑥ Lee J. From Welfare Housing to Home Ownership: The Dilemma of China's Housing Reform[J]. Housing Studies，2000，15（1）：61-76.

Wang Y. P.[①]指出,虽然中国已经初步建立起了一个针对低收入家庭的包括住房公积金计划、安居工程、经济适用房计划、廉租房制度以及租金减免制度在内的住房保障体制,然而这些住房保障政策的一大弊病在于它仅仅覆盖了官方承认的城市贫困人群,而大多数贫困者包括进城务工的农民工则被排除在外。朱亚鹏[②]深入分析了贵阳的房改个案,认为贵阳提供了一个解决住房改革普遍面临的资金短缺和住房不公平问题的成功案例,以期说明市场化转型并不必然引致社会不公的加剧,恰当的政策创新不但可以提高经济效率而且还能缩小旧体制下形成的社会不公。周甜甜[③]认为中国政府抑制房价的政策之所以"治标不治本"源于政策问题界定的误区。

2.3.3.2 我国住房政策议程的政策原汤研究

张杨波[④]指出目前我国的住房供给模式分为市场供给、国家供给与社会网络供给三种情况:市场供给指由市场部门、房地产企业、中介部门和物业管理部门来提供住房及其服务,遵循的是自负盈亏、独立核算的原则;国家供给指住房由单位或地方政府自行组织建造、负责维修和管理等,遵循的是为不同身份的人群提供相应房子的原则;社会网络供给指人们借助社会网络的方式来建房买房,遵循的是守望相助的原则。武中哲[⑤]基于制度变迁的视角分析了在渐进式改革的背景下单位制度与住房制度的交互作用导致住房产权的获得既有单位因素又有市场因素,住房产权的获得方式不但影响到家庭的经济利益,而且还会通过居住隔离、子女教育和就业分化产生系列衍生效应,导致阶层的代际传递。Zhu J.[⑥]认为由于单位对于国有资产所具有的事实的控制权,单位间的住房不平等随着住房制度改革的不断深入而进一步加剧了。边燕杰等[⑦]认为单

[①] Wang Y. P. Housing Reform and Its Impacts on the Urban Poor in China [J]. Housing Studies, 2000, 15 (6): 845 - 864.

[②] 朱亚鹏. 住房货币化改革与社会公平——贵阳房改个案研究 [J]. 武汉大学学报 (哲学社会科学版), 2006 (9): 661 - 668.

[③] 周甜甜. 浅析政府在房地产问题界定中的误区及其应然态度——基于公共政策问题界定视角的分析 [J]. 经济研究导刊, 2012 (9): 131 - 138.

[④] 张杨波. 住房转型过程中的国家、市场与社会——一项基于广州地区案例的考察 [J]. 兰州大学学报 (社会科学版), 2010 (7): 114 - 122.

[⑤] 武中哲. 制度变迁的交互作用及其分层效应——基于单位制度和住房制度改革的分析 [J]. 社会科学, 2010 (1): 71 - 77.

[⑥] Zhu J. The Changing Mode of Housing Provision in Transitional China [J]. Urban Affaires Review, 2000, 35 (4): 502 - 519.

[⑦] Bian Y., Logan J. R., Lu H., Pan Y., Guan Y. Work Units and Commodification of Housing [J]. Sociological Research, 1996, 1: 28 - 35.

位在住房分配中的角色几乎没有改变，仍承担着提租的最终责任，是公共住房建设的重要力量。Logan 等①提出随着住房市场双轨制的形成，单位在职工和住房市场之间充当了中介的角色，单位进入住房市场并且在培育住房市场的过程中成为主要的参与者。但是 Zhang②指出作为集团消费，单位并非是住房市场上的理性主体，单位进入市场在某种程度上造成一个扭曲的住房市场：迅猛攀升的房价，住房供应和居民需求的不匹配。

2.3.3.3 我国住房政策议程的利益相关者研究

朱亚鹏③指出，中国住房政策网络中的利益主体主要包括：以地方政府为中心包括财税部门、建设房管与国土部门在内的房地产政策主体、银行体系、国家发改委及其他社会主体，例如，房地产开发商、住房协会、物业管理公司、建筑和建材公司、房地产中介、研究机构、媒体以及普通居民。陈杰④以制度变迁经济学为理论分析框架讨论 1980 年以来中国房改历程的复杂性，得出导致房改曲折的重要原因是改革中局部动机与全局动机的冲突、改革主导者之间的动机冲突、配套机制的滞后等。张丽凤⑤分析了中国城镇住房制度变迁中的政府行为目标，指出正因为政府有"经济人"的特点，所以明显体现了诺思的国家悖论和政府机构代理人悖论现象。朱亚鹏和肖棣文⑥基于两份报纸的报道立场分析了利益相关者相互角力的过程，在中国住房领域，以报纸为代表的平面媒体所关注的新闻主题、选择的报道立场和方式受到包括政府、媒体所有者、竞争对手、房地产商、广告赞助商、媒体从业者和读者群体在内的多个社会群体的利益和偏好的影响，这些力量作用的强弱和媒体对它们的重视程度导致不同媒体对待同一议题的报道产生了显著差别，其中，市场力量对媒体议程设置的影响非常明显。

---

① Logan J. R., Bian Y., Bian F. Housing Inequality in Urban China in the 1990s. [J]. International Journal of Urban and Regional Research, 1999, 23 (1): 7-25.

② Zhang X. Q. The restructuring of the housing finance system in urban China [J]. Cities, 2000, 17 (5): 339-348.

③ 朱亚鹏. 中国住房领域的问题与出路：政策网络的视角 [J]. 武汉大学学报 (哲学社会科学版), 2008 (5): 345-350.

④ 陈杰. 制度经济学视角下的中国住房制度变迁分析 [J]. 社会科学辑刊, 2010 (6): 104-108.

⑤ 张丽凤. 中国城镇住房制度变迁中的"政府行为目标悖论" [J]. 辽宁工业大学学报 (社会科学版), 2011 (12): 41-43.

⑥ 朱亚鹏, 肖棣文. 谁在影响中国的媒体议程：基于两份报纸报道立场的分析 [J]. 公共行政评论, 2012 (4): 121-144.

2.3.3.4 影响我国住房政策议程的社会价值观

闵学勤[①]援引鲍德里亚的物质消费的分析思路探析城市青年与住房消费之间的关系，通过对CGSS2005数据库中18～25岁青年住房消费的数据分析，发现城市青年在住房消费过程中日益具有空间拜物倾向。刘洪波[②]发现，住房作为家的代名词，其作用日益凸显，城市青年已经将有无住房视为缔结婚姻关系的前提，高额的房价以及住房对婚恋观念的强烈影响，促使城市已婚青年推迟生育期、落入"啃老一族"，城市青年夫妻的婚姻关系更是因为房贷而受到影响。闵学勤[③]基于社会分层视角研究了房地产市场放开后的不同阶层的居住逻辑，研究发现，即便社会分层的差异形成了购房者中的优势、弱势群体，但对中国城市居民而言，住房巨大的现实意义和象征意义，以及随处可见的住房增值的展示作用，都迫使百姓跨越阶层拥有住房，进而构成居住与社会地位的对应认知。接家东[④]发现，西方消费文化影响下的我国城市中产阶层在住房消费的类型与倾向上表现出从模仿消费转向认同消费，借助住房消费彰显经济收入与品位格调的特征。张汉和张登国[⑤]基于中国人的面子观、传统的置业观、对稳定感的追求以及从众心理几个维度对房奴群体进行了深度剖析，研究结果表明，房奴群体在种种限制性因素中仍旧充分发挥着能动性，通过对住房地段、户型、面积等的选择，彰显了自己的群体归属，从而获得一种本体性安全。

2.3.3.5 我国住房政策议程中的中央——地方关系研究

朱亚鹏[⑥]认为，在住房政策中，由于中央政策的稳定性、连贯性不强，而地方政府对"土地财政"又存在高度依赖性，因此，即使地方政府不愿意积极响应中央的宏观调控政策，中央政府也无法惩戒地方政府、房地产调控中的问责制难以实现。向玉琼[⑦]分析了地方政府的政策供给意愿，指出政策供给意愿是政策供给的重要变量之一，地方政府的政策供给意愿受到三种政策需求的影响：中央政策需求、公众政策需求与地方政策需求，三种政策需求形成三条需

---

① 闵学勤. 空间拜物：城市青年住房消费的仪式化倾向 [J]. 中国青年研究, 2011 (1)：36-40.
② 刘洪波. 房价翻动了城市青年的婚恋奶酪 [J]. 中国青年研究, 2008 (4)：8-10.
③ 闵学勤. 社会分层下的居住逻辑及其中国实践 [J]. 开放时代, 2012 (1)：110-118.
④ 接家东. 中国中产阶级社会地位认同的消费社会学分析——以城市个人住房消费为例 [D]. 长春：吉林大学, 2006.
⑤ 张汉, 张登国. 从社会心理学视角探讨中国城市"房奴"现象 [J]. 河北科技大学学报（社会科学版）, 2007 (2)：33-37.
⑥ 朱亚鹏. 我国房地产调控中的问责困境 [J]. 学术研究, 2012 (12)：50-54.
⑦ 向玉琼. 论地方政策供给意愿的形成与变更 [J]. 长白学刊, 2008 (6)：32-37.

求溪流,持续地对政策系统施加影响,表现为政策供给意愿确立的引力、压力、推力和阻力,而政策供给意愿的形成或变更就是这三条溪流的博弈均衡,体现为一种间断——平衡的演进路径。谭羚雁和娄成武[①]分析了保障性住房政策过程中的中央与地方政府关系,中央政府与地方政府在保障性住房政策方面反映了不同的价值追求,中央政府作为宏观调控者表达了一种集体理性,追求的是住房公平,而地方政府往往从个体理性出发,基于财政预算的考虑,往往会变通执行中央政策,从而导致政策扭曲或"政策异变",表面上看这是中央决策与地方执行间的非合作博弈问题,而实际上却反映出政策网络结构的封闭性问题,政策网络内多元的利益主体以及复杂多变的利益关系阻碍了中央与地方政府关系的整体性协调发展。刘志林[②]分析了低收入住房政策模式选择中的中央—地方差异,作为政策制定者的中央政府和政策实施者的地方政府由于目标、行为动机和制约因素不同,因此对不同政策选择的预期成本和预期收益的评估也不同,这在一定程度上导致了政策制定与政策实施之间的不吻合,从而出现了政策的意外后果,总的来说,中央政府更加倾向于供给方补贴模式,而地方政府则倾向于直接向低收入家庭提供租金补贴的需求方补贴模式。

2.3.4　文献述评与本书研究的切入点

住房政策是关注度极高的社会政策,其政策问题界定的准确性、政策议程的开放性、政策方案的科学性既关系民众的住房福祉又体现社会的公平正义。从已有文献研究来看:第一,住房政策议程并未得到应有的理论关注。尽管住房问题是百姓热议的民生问题,但学术界对此的理论关注点较多地停留在住房问题界定、住房政策解读和政策效果评估方面,而对住房政策的前决策阶段——政策议程并未给予足够的重视。第二,住房政策主体的理论关注点主要集中在中央政府,对地方政府关注较少。这主要源于我国的政治体制,地方政府是中央政府在特定地域的执行机构,因而地方政府是在中央政策的框架内制定和执行政策,其政策创新力受限。但这不足以解释我国"上有政策,下有对策"的社会现状。事实上,由于我国"分税制"的财政体制,地方政府本

---

① 谭羚雁,娄成武.保障性住房政策过程中的中央与地方政府关系——政策网络理论的分析与应用[J].公共管理学报,2012(1):52-63.
② 刘志林.低收入住房政策模式选择的中央—地方差异——基于网络分析法的决策模型分析[J].城市与区域规划研究,2009(2):48-67.

身也是一个利益主体，因此，地方政府的政策出台更是一个复杂性行为。第三，住房政策研究地域主要集中在发达地区。由于发达地区对国民经济发展贡献大、人口多，而住房政策既是经济政策又是民生政策，因而发达地区的住房政策更易受到关注。第四，政策议程的理论分析较多而实证研究不足。目前较多的理论研究主要停留在引进和介绍西方理论，部分学者根据中国国情对西方理论进行了适用性调整，根据前述文献计量分析可知，关于政策议程的实证研究主要集中于教育政策领域，这也许和研究者更接近教育领域便于收集资料有关。第五，政策议程的研究方法以案例研究为主。政策议程研究是探究前决策阶段"黑箱"，因此，案例研究是一种重要的研究方法，但案例研究的理论构建还需进一步推广验证才能增强理论的解释力。

基于此，本书研究的切入点主要基于以下三个方面：第一，政策议程的研究对象从中央政府转向地方政府。尽管中央政策具有全局性的深远影响，但地方政策则往往关系到一方百姓更加具体切实的利益关系，因此，百姓的诉求如何主张、相关的利益关系如何协调、公共问题怎样上升为政策问题、什么样的条件下政策方案才会出台，这一系列问题构成地方政府政策议程研究的核心内容。第二，政策议程的研究方法侧重于定量研究。定性研究有助于理论建构，但理论的解释力需要定量研究予以验证。我国已有的政策议程研究，一方面着重于西方理论的引进、说明与讨论，另一方面则通过案例分析法以相关的政策议程理论来分析解释某一政策议程过程，总体来说，解释学方法和逻辑推演法运用较多，而定量研究呈现不足。第三，本书的研究主题选择了政策议程研究和住房政策研究的一个理论交叉点——"地方政府住房政策议程"，这是对现有住房政策议程研究不足的有益补充。

2.4 理论基础：多源流理论

2.4.1 金登的多源流理论

多源流理论是美国著名政策科学家和政治学家、密歇根大学政治学系教授约翰·W. 金登在对美国卫生政策领域和运输政策领域长达四年的实证调查和案例研究的基础上提出的，旨在回答"问题是如何引起政府官员关注的，政府官员的决策据以选择的备选方案是怎么产生的，政府议程是如何建立的，以及为什么一种思想会适时出现"这样一些长期被人们忽视的重要问题。在其专著《议程、备选方案与公共政策》一书中，金登构建了政策之窗开启的问题源流、政策源流和政治源流三流汇合的理论框架。

在问题源流的形成中，指标、焦点事件及项目反馈构成问题感知的三种机制，预算约束是影响政策问题界定的重要因素，而价值观、状况对比和问题归类是影响政策问题界定的其他因素。

政策源流是指政策建议产生、讨论、重新设计以及受到重视的过程，或者说是许多可能的政策创新举措在范围上被缩小至受到重视的较少几个政策建议的过程，这个过程大多是在专业人员共同体中发生的，即政策共同体，他们会利用各种机会提出、讨论和宣传自己的政策建议，通过对普通公众、专业化公众和政策共同体的"软化"过程，使得政策原汤中漂浮着相当广泛的思想，这些思想相互碰撞，那些符合技术可行性、价值可接受性以及可以接受的费用和合适机会的政策建议将会被保留下来。

政治源流是指对问题解决产生影响的政治因素，独立于问题源流和政策源流，它包含国民情绪、选举结果、有组织的政治力量、政府内部变更（关键人事的调整、管理权限问题）、价值共识等因素，政治源流中的各种力量在实践中并不均等，国民情绪与其他因素（如选举）的结合可以对政策议程产生重要的影响。

政策之窗是政策建议的倡导者提出其最得意的解决办法的机会，或者是他们促使其特殊问题受到关注的机会。在三源流中，政策议程更多地受问题源流和政治源流的影响，而备选方案则更多地受政策源流的影响。政策建议如果与公众情绪相一致，能够得到利益集团的支持，并符合立法机构或行政机构的倾向，就更容易进入政策议程。一般来说，一个项目被提上议程是由于在特定时刻汇合在一起的多种因素共同作用的结果，而并非它们中的一种或另一种因素单独作用的结果。在三流汇合的过程中，政策企业家发挥着重要的作用，他们使解决办法与问题相结合，使政策建议与政治契机相结合，并且使政治事件与政策问题相结合。

2.4.2 多源流理论面临的中国适用性挑战

多源流理论引入中国之后，引起中国学者的研究兴趣，以多源流理论为基础进行中国政策议程的案例分析,一度成为中国政策议程研究的主流趋势,但与此同时,多源流理论在中国的适用性也引起了部分学者的深入思考。

(1) 我国媒介议程的政治限制。由于执政党对意识形态的高度关注,媒体在舆论监督和舆论引导方面受到严格规制,再加上地方政府对舆论的敏感和约束,一些不符合执政党意识形态、不利于社会稳定、可能会引发社会思潮的社会问题就难以报道,进而也就难以形成"问题源流"。[①] 近年来随着网络媒体等新兴媒体的发展,一些新媒体开始尝试性地进行部分敏感事件的新闻报道,这使得社会公众对新媒体的关注度增加。[②] 尽管这些新型媒体的信息传递在一定程度上推进了公众议程和媒介议程的交相互动,促进了问题源流的表达机制,但随着网络媒体的监管强化与网络实名制的逐步推进,新媒体的信息传递也同样受到严格限制,同时,新媒体信息渠道的广泛性、信息的真伪性也往往使受众将较多的精力放在信息的鉴别上,从而弱化了其对问题源流的促成能力。[③]

(2) 我国政治体制对政治源流的影响。由于我国实行的是"共产党领导的多党合作和政治协商制度",执政党地位稳固,不存在西方政党竞选制度下对选民的投票争取和利益迎合,这就使多源流理论中所定义的"国民情绪"在政治源流中影响有限。当各个群体因为利益关系而产生相应的社会思潮与对立情绪时,执政党不需要迎合这些社会情绪,而是凭借自己所掌握的国家权力通过舆论引导、思想教育以及各类手段的相应补偿等方式,扭转这种对立的社会局面,呈现出"执政党领导政府,政府影响社会"的特色方式,这在一定程度上极大地弱化了国民情绪在政治源流中的影响。[④]

(3) 我国政策源流的"中国特色"。与西方国家大量专业化智库提供政策建议、大量政策企业家观点争鸣的状态不同,我国专业化政策分析机构的发展相对不足。[⑤] 新中国成立以来很多重要政策方向变化都是以自上而下的方式由执政党领导集体(或由领导核心)来推动的,这与西方国家由政策企业家推动的状况有明显不同。而随着近年来强人政治的影响力下降,开始出现代表不

---

① 李丹林. 媒介融合时代传媒管制问题的思考 [J]. 现代传播(中国传媒大学学报), 2012 (5).
② 陈姣娥, 王国华. 网络时代政策议程设置机制研究 [J]. 中国行政管理, 2013 (1).
③ 于永达, 药宁. 政策议程设置的分析框架探索——兼论本轮国务院机构改革的动因 [J]. 中国行政管理, 2013 (7): 27-31.
④ 林尚立. 当代中国政治形态研究 [M]. 天津: 天津人民出版社, 2000.
⑤ 龚雯. "中国最高智库"将保持独立不会为赞助商代言 [N]. 人民日报, 2009-06-18.

同群体利益的政策共同体以"内参模式"或"借力模式"来促成政策窗口的打开,但其行动的目标仍是在通过影响核心领导层的态度而间接地推动政策产生,特别是在一些改革力度较大的政策制定上,这种现象更为突出。① 同时,我国的政策过程特点是政策连贯性高、包容性强,不允许出现激进式政策变革。②

(4)我国"政策之窗"的开启特色。在金登的多源流理论中,问题源流、政策源流、政治源流既保持各自的独立性又有一定的关联度,往往由于紧迫问题的出现或政治溪流的事件,在政策企业家的推动下,三流汇合开启了政策之窗。但是,在我国这三流运行的独立性有限,尤其是政治流和问题流互动频繁,政治力量通过对媒体报道的管控决定了问题源流的形成与否,而社会问题依据其对执政党核心利益的影响大小也决定了政治取向的波动。③ 另外,政策企业家也作用有限,更多的时候,我国的政策变动是源自执政党领导班子集体推动的。

2.4.3 多源流理论在中国的适用性调适建议

于永达和药宁④根据我国政策议程的现实情况,以多源流理论的核心思想为基础,构建了分析中国情境下政策议程设置的分析框架,主要包括了四个方面的调整。

(1)政治源流的内涵调整。金登提出的政治源流主要包括国民情绪、压力集团之间的竞争、政府变更、意识形态等因素,而在我国则将其内涵调整为"核心领导层意志"、"关键部门人员调整"和"国民情绪"三种因素。核心领导层意志是占据主导地位的因素,关键部门人员调整是政治取向缓慢调整的基本动力,国民情绪是一种群体性态度和意见,尽管在我国国民情绪的影响较为薄弱,但随着民主法治的推进和信息技术的发展,民众将会有更便利的意愿表达平台,国民情绪对政策议程的影响将会逐步增强。

(2)"问题源流"的有偏选择。在金登的多源流理论中,问题源流是社会

---

① 王绍光. 中国公共政策议程设置的模式[J]. 中国社会科学, 2006(5).
② 施雪华, 曹胜, 汤静容. 新中国政治发展的主要教训与未来走向[J]. 社会科学研究, 2012(1).
③④ 于永达, 药宁. 政策议程设置的分析框架探索——兼论本轮国务院机构改革的动因[J]. 中国行政管理, 2013(7): 27-31.

问题的"无偏样本",哪些社会问题能够形成问题源流是相对随机的过程,而中国国情下的问题源流是社会问题的"有偏样本",社会问题能否成为问题源流将受政治源流的检验。这源于中国情境下,问题流、政策流与政治流之间的独立性有限,其间错综复杂的关系使得客观存在的社会问题并不能随机形成问题流,受限于一定条件约束的问题流形成机制决定了中国"问题源流"的有偏选择。

(3) 政策源流的连贯性保持。在西方社会,执政党更迭之后,其政策思路可以做大幅度调整,但在我国的政治制度背景下,政策设计必须考虑连贯性与相容性,即便是重要的政策调整也往往是通过局部性改进和渐进式改革来逐步实现。[①] 因此,与西方国家不同,我国的政策源流是由通过相容性检验的政策方案组成,从而保证了政策体系的整体连贯性。

(4) 增加源流间的互动反馈关系。金登的多源流理论中提到"反馈"对政策议程的影响,但对其讨论有限。而于永达和药宁在其分析框架中,特别强调了"不允许表达的问题"和"激进式政策"对政治源流的反馈,即:无论是没有被纳入"问题流"而客观存在的社会问题,还是没有被接受成为备选方案的政策建议,它们都不会凭空消失,而是始终代表着某些特定群体的利益主张和利益诉求,政治流在作用于问题流和政策流形成的同时,也会受到被限制在"问题流"与"政策流"之外的社会问题与政策建议的反作用,当那些诉求群体思想成熟、实力增强时,就会形成稳定的利益代言者,这将对执政党的政治取向产生一定的反馈作用,继而推动了政治源流的变化。

综上所述,中国政策议程设置的动态逻辑为:核心领导层的意志决定了执政党的基本政治取向,关键部门人员调整和国民情绪的变化促使政治取向在短期内聚焦,使其具体化为若干重点突出的政治要求,构成一段时期内的政治源流。普遍性的社会问题经过政治因素的"筛选",将其中真实性、准确性不足和已突破政治标准限制的问题过滤掉,剩余允许表达的问题构成问题源流。当政治源流与问题源流都形成后,二者能否结合仍存在不确定性,因为允许问题表达和愿意解决问题是不同概念,"当意识到解决问题的成本和问题本身定义的难度时,决策者很有可能拒绝将精力和时间投入到该问题解决中。"[②] 只有

---

① 张宇,张晨,蔡万焕. 中国经济模式的政治经济学分析 [J]. 中国社会科学, 2011 (3).
② Downs A. Up and Down with Ecology: The Issue-Attention Cycle [J]. The Public Interest, 1972, 28: 38 - 50.

当问题诉求正好与该时期的政治要求相匹配时，政策窗口才能打开。此时，来自学界和政府智囊的政策方案经过不断调整和细化，剔除与原有政策相容性低的激进式改革方案后所形成的政策源流，开始在政策窗口下尝试与其他两种源流汇合。当找不到既能解决问题又符合政治要求的方案时，政策窗口会随着社会问题关注度的降低或政治方向的调整而最终关闭，进入下一轮政策周期；而当政策源流中恰好存在可行政策选项时，三种源流最终实现汇合，进入政策议程。

2.4.4 理论借鉴

金登的多源流理论涉及与政策之窗开启相关的多个变量，为政策议程研究提供了一个全面、翔实的分析框架，为我国住房政策议程研究奠定了一个基础理论平台。本书将借鉴问题源流、政策源流、政治源流的三源流思想，以住房政策问题感知、住房政策方案备选和住房政策政治动力作为我国住房政策议程构建的三个核心构成要素，以影响问题流的呈现方式、政策流的形成机制和政治流的涵盖范围的相关要素作为分析我国住房政策议程的参考因素。

于永达和药宁基于中国现实国情出发，在金登的多源流理论基础之上，对三流的相对独立性和之间的关联性进行了中国情境下的理论探讨和框架构建，这有助于增强对中国政策议程特点的理论解释。本书将借鉴其中国政策议程设置理论的核心思想构建符合我国国情的住房政策议程理论分析框架。

第 3 章

概念模型构建与研究假设提出

本章将根据上述文献研究与理论基础,构建我国地方政府住房政策议程的结构模型及相关测量模型,并在此基础上提出研究假设。

3.1 我国地方政府住房政策议程的概念模型构建

在金登的多源流理论中,政策议程的内涵构成与影响因素并没有进行严格的区分,这源于质性研究中描述性分析法重在现象还原。而本书旨在通过实证研究来解释地方政府住房政策议程的影响因素及作用机理,因而严格区分住房政策议程的内涵构成要素和外界影响因素至关重要。

3.1.1 地方政府住房政策议程的内涵及测量模型

3.1.1.1 地方政府住房政策议程的内涵及维度划分

要研究地方政府住房政策议程的内涵,首先应清晰界定政策议程的核心构成要素。政策议程研究的核心问题是:问题是如何引起政府官员关注的?政府官员决策的方案依据是怎样产生的?政府议程是如何建立的?一种思想是如何适时出现的?这些问题并非孤立存在,其间的关系金登做了高度的概括,金登(1984)[1]指出,如果这三种因素(问题源流、政策源流和政治源流)中缺少

---

[1] [美]约翰·W. 金登. 议程、备选方案与公共政策[M]. 北京:中国人民大学出版社,2004:224.

一种，即如果得不到一个解决办法，不能够发现问题或问题不太紧迫，或者缺少来自政治源流的支持，那么该主题在决策议程中的位置就会转瞬即逝。这意味着问题、政策与政治是政策议程构建的三个必要非充分条件，即这三者具备未必会导致政策议程的启动，但一项启动的政策议程一定会具备这三个条件。必要条件意指这是政策议程构成不可或缺的要素，因而本书将这三个必要条件转化为政策议程构建的三个核心要素。在这三个要素中，问题要素强调的是问题如何呈现会引起政府的知觉和关注，政策要素侧重于备选方案的产生机制，政治要素则是社会问题转化为政策问题的动力来源。因此，本书构建了问题感知、方案备选、政治动力这三个维度的住房政策议程内涵分析框架，其间的逻辑关系是：只有政府感知到问题存在，并且有可行的方案建议，同时存在相应的政治支持，社会问题才有可能上升为政策问题进而被政府提上议事日程。下面分别对地方政府住房政策议程的这三个构成要素予以分析。

（1）地方政府住房政策议程中的问题感知。地方政府住房政策议程中的问题感知是指地方政府对住房问题的感觉与知觉，感觉侧重于表象的体察，知觉侧重于整体的认知。因此，政府对社会问题的感知既取决于社会问题的表现方式也来自于对社会现象的被深度解剖。在我国，住房问题既是一个经济问题又是一个社会问题，还是一个文化问题。从经济层面来说，住房消费不仅涉及中央调控的宏观经济更影响到地方发展的中观经济，因而经济发展指标是各级政府对住房经济问题关注的重要参考；从社会层面来说，自我国1979年开始试点出售房屋，逐步形成了以商品房为主导、经济适用房为补充、公（廉）租房为保障的多层次住房供应制度，随着住房政策引发的阶层分化日益加剧，住房的公平问题也成为国内外研究的一个焦点问题，焦点事件、新闻报道、社会反馈以及内部参考消息往往成为政府对住房社会问题感知的重要渠道；从文化层面来说，住房消费文化已经从满足个体家庭生活需要的自我消费发展到构建社会认同的社会消费，一方面凸显了住房消费品质文化的上升，另一方面消费异化、"狄德罗效应"[①] 不断加剧，同时低俗的房地产广告信息也不断推高着住房消费的虚高与浮夸，住房消费中的文化问题通过各种方式显现出来。

（2）地方政府住房政策议程中的方案备选。我国地方政府住房政策是在

---

① 狄德罗效应，也称"配套效应"，是由18世纪法国哲学家丹尼斯·狄德罗发现。狄德罗效应是一种常见的"愈得愈不足效应"，专指人们在拥有了一件新的物品后，不断配置与其相适应的物品，以达到心理上平衡的现象。

中央政策精神的指导下地方政府根据各地实际情况进行住房政策方案的起草、拟定、讨论和选择，其间既包括方针政策、指导意见也包括通知、办法、实施细则等具体措施。因此，地方政府住房政策议程中的方案备选就是地方政府对住房政策的方案准备与筛选过程。由于涉及多方政策主体，因而政策方案的选择既要考虑现实可操作性又要考虑价值可接受性。

（3）地方政府住房政策议程中的政治动力。政治动力或政治压力是政策议程构建中的重要因素，它代表了执政党的政治意愿和对资源配置的支持力度。由于我国的根本政治制度，地方政府的政治动力既包括中央的指示精神也包括地方政府的绩效考核，因此，地方政府住房政策议程中的政治动力是指能够对地方政府产生利害关系的促使或支持某一住房问题被地方政府关注并上升到政府议程的动力因素，这些因素既包括体制内因素也包括体制外因素。

这三个维度分别构成了地方政府住房政策议程内涵的三个潜变量，由于不能直接测量，因此，下面将基于这三个潜变量构建其观测变量和测量模型。

3.1.1.2 地方政府住房政策议程的观测变量与测量模型

由于"问题感知"、"政策方案"和"政治动力"这三个潜在变量在实证研究中不能直接测量，因此，还需要构建这三个潜变量的观测变量。金登的多源流理论中对问题源流、政策源流和政治源流的相关要素有着充分的阐释，其主要观点总结如表3-1所示。

表3-1　　　　　　　　多源流理论中政策议程的相关要素

问题源流	指标、焦点事件、反馈、预算和问题界定方式
政策源流	政策共同体、政策原汤、政策企业家
政治源流	国民情绪、选举结果、有组织的政治力量、政府内部变更（关键人事的调整、管理权限问题）、价值共识

笔者认为，问题源流中的"预算"、"问题界定方式"、政策溪流中的"政策共同体"和"政策企业家"应归入影响因素的范畴之中，其原因在于：第一，金登指出，预算是一个影响政策问题上升到议程的重要因素，充足的预算可以促进政策问题处于显著位置，而更常见的是预算约束阻抑了人们对一些政策问题的关注；问题界定方式是指一种社会状况是否可视为政策问题往往受到社会价值观、问题对比与归类的影响。因此，这二者属于影响因素范畴，而不作为构成要素子项。第二，"政策共同体"和"政策企业家"是指影响政策议

程的政策参与者与积极倡导者,他们对政策问题的界定与政策方案的取舍密切相关,二者的主要作用对象是政策方案,因此把这两项也列入影响因素范畴。另外,政治源流中的"选举结果"不符合我国国情,因而予以剔除。

在保留上述观测变量的基础之上,再结合相关文献研究和实地访谈调研,本书构建了地方政府住房政策议程构成要素的测量模型。具体说明如下:

(1) 问题感知的观测变量。除指标、焦点事件和反馈之外,我国的内参形式也是自上而下发现问题的一种重要手段[①],故本书将内参也作为一个观测变量。除此之外,本书在访谈调查中也发现,新闻也是数次被受访者提到的一种问题感知方式,由于媒体信息是政府部门了解社会状况的一个重要渠道,故将新闻也作为一个观测变量。由此形成了关于问题感知这一潜变量的指标、焦点事件、反馈、内参和新闻这五个观测变量。

(2) 方案备选的观测变量。在各种政策方案云集的政策原汤中,哪些方案能够幸存下来,金登(1984)[②]指出,"思想幸存的标准有些是政策共同体本身内在所固有的,例如,技术可行性和价值可接受性"。尽管金登还提到了"可承受的费用""预期的公众默许"等因素,但在本书研究中,这些因素分别被列入影响因素中的"预算"和"社会价值观"里面,故在此只将"技术可行性"和"价值可接受性"列入方案备选的观测变量。

(3) 政治动力的观测变量。于永达和药宁[③]根据我国国情将金登提出的政治源流主要内容调整为"核心领导层意志"、"关键部门人员调整"和"国民情绪",并解释了它们之间的逻辑关系:核心领导层的意志决定了执政党的基本政治取向,关键部门人员调整和国民情绪的变化促使政治取向在短期内聚焦,使其具体化为若干重点突出的政治要求,构成一段时期内的政治源流。除此之外,本书对多源流理论中政治源流的"有组织的政治力量"这一因素又做了实地考察,金登对于这一变量的解释侧重于利益集团和政治精英,而这二者在政策议程中发挥着重要的影响作用但不具备决定作用,本书在调查中发现,在我国,"有组织的政治力量"不一定意味着不同的政治派别,党内不同职能部门之间的利益博弈也会构成政治压力,党外的宗教团体等组织也会形成

---

① 陈堂发. 政策议题建构中的新闻报道作用分析 [J]. 南京社会科学, 2008 (4): 95-101.
② [美] 约翰·W. 金登. 议程、备选方案与公共政策 [M]. 北京: 中国人民大学出版社, 2004: 165.
③ 于永达, 药宁. 政策议程设置的分析框架探索——兼论本轮国务院机构改革的动因 [J]. 中国行政管理, 2013 (7): 27-31.

一定的政治压力,因此本书所指"有组织的政治力量"分别指涉"体制内部门和组织"与"体制外团体和组织"。由此便形成了"核心领导层意志"、"关键部门人员调整"、"国民情绪"、"体制内部门和组织"与"体制外团体和组织"五个观测变量。

综上所述,地方政府住房政策议程构成要素包括三个潜在变量和十二个观测变量,其测量模型如图3-1所示。

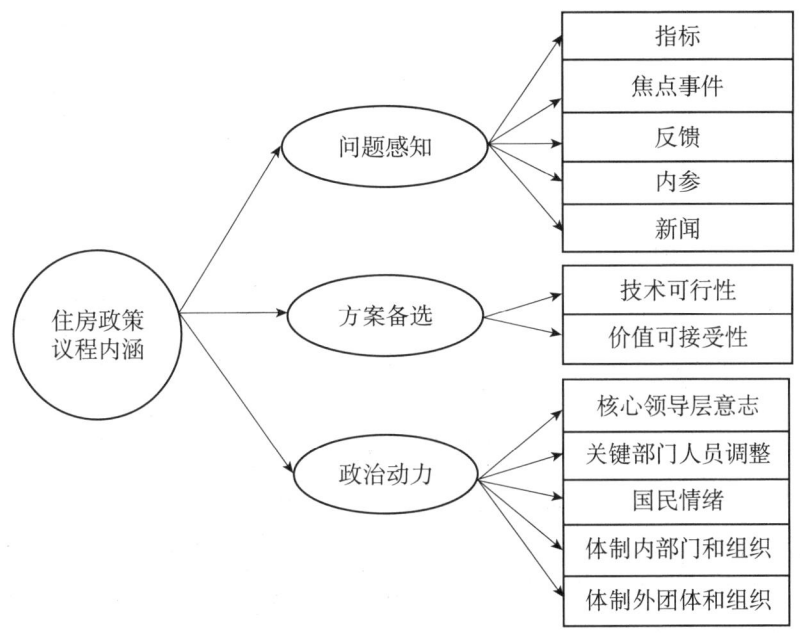

图3-1　地方政府住房政策议程测量模型

3.1.2　地方政府住房政策议程的影响因素及测量模型

3.1.2.1　影响因素的维度划分

影响因素是地方政府住房政策议程的外生因素,在第二章文献综述和理论分析中,众多学者指出了影响政策议程的主要因素,本书对此进行了归纳总结与分类,具体如表3-2所示。

从表3-2可知,本书中将影响地方政府住房政策议程的因素划分为六大类,分别是主体因素、社会因素、财政因素、政治因素、利益关系和个体因素,下面将分别予以阐述。

表 3-2　　　　　　　　　政策议程影响因素的代表性观点

维度划分	主要观点	代表人物
主体因素	政策参与者：行政当局，国会，利益集团，专家学者，媒体，与选举有关的参与者	金登
	社会公众	拉雷·N. 格斯顿
社会因素	社会价值观	金登；谢泼德和沃斯
	公共舆论	金登
	国家与社会的关系	刘伟
财政因素	预算	金登
	中央—地方关系	鲁全、朱亚鹏等
政治因素	官僚体制	祝小宁、白秀银
	体制内外的对话结构	刘伟
利益关系	中央—地方利益关系	祝小宁、白秀银
	政府—利益集团利益关系	
	领导者个体利益权衡	金登
个体因素	政策企业家	金登
	政治领袖	安德森
	决策者	姜国兵

（1）影响地方政府住房政策议程的主体因素。主体因素主要指政策议程的参与者和行为者，它包括政策方案的制定者、政策执行的合作者、利益相关者、媒体与公众。主体因素主要是从组织机构和群体的视角进行划分，以此区别于个体因素。就地方政府住房政策议程的主体因素而言，政策方案的制定者既包括地方立法机关即各级人大，也包括行政执法机关即各个职能部门，如住房建设与管理部门、国土部门、发展规划部门等；政策执行的合作者除了上述职能部门之外，还包括公积金中心、银行金融系统、执法系统等；利益相关者则涉及购房业主群体、物业公司、房地产开发商、中介公司、金融机构等；除此之外，广大的社会公众和媒体也是影响地方政府住房政策议程的主体因素。

（2）影响地方政府住房政策议程的社会因素。社会因素是影响地方政府住房政策议程的背景因素，这是不可控制的外界环境变量。由于社会是人们在互动中结成各种关系的有机总体，每一个行为者都是社会网络中的一个结点，因此，不可避免地都要受到社会文化的熏陶与影响，或者说每一个行为者都是社会文化的产物。社会文化对行为者的影响，一方面体现在价值观的趋同上，另一方面体现在社会关系的再造上。就住房而言，住房价值观决定了人们对买房与租房、实用性消费与炫耀性消费、投资性置业与投机性置业的根本不同态度，而由社会位置所决定的关系网络直接影响到社会群体在住房改革中的利益分享程度。其中，住房价值观对住房政策议程的影响最为直接和广泛，它决定了人们对某一住房问题能否上升为政策问题的价值判断，这既包括公众情绪也包括政府官员自身的态度选择。

社会因素对住房政策议程的影响还体现在国家与社会的关系层面，即国家治理与社会治理的协调和冲突之中。当社会力量强大时，社会会形成较强的自治能力，一方面能减轻政府治理的压力，另一方面也能产生制衡政府的约束力量。社会自治一个重要的体现就是社会的自组织水平，当社会成员能够在《宪法》允许的范围内自由、民主、独立地组成社团和组织，主张权益、申诉不公、协调冲突、与政府平等对话，就能很好地表达民意，提高公众议程对政府议程的影响，从而有助于政策议程的开放性和民主性。

（3）影响地方政府住房政策议程的财政因素。财政因素强调的是政府的收支及其对资源配置与收入分配的影响，在住房政策中，一方面，保障房的建设主要依赖于以政府为主体的投资预算，另一方面，各地的经济状况不同导致政府对"土地财政"的依赖不同，经济收入好的地方，政府对"土地财政"的依赖就小，因而土地转让费用的加价就少，继而房地产商的土地开发成本就小，从而最终缓解终端销售房价的攀升，反之，过度依赖"土地财政"的地方政府会不断推高土地转让费用或过度开发土地，造成房价过高及土地不能合理利用等问题。因此，财政因素对住房政策议程影响深远，它既影响到政府有没有能力把一个社会问题上升到政策问题予以考虑，也影响到在住房政策议程中地方政府自身定位的利益取向，究竟是公共利益代表还是一个集领导权、决策权和执法权于一身的利益竞争主体。

（4）影响地方政府住房政策议程的政治因素。尽管"政治"一词由来已久，且在各个领域广泛应用，但对其概念界定一直没有统一认识。自美国政治学家戴维·伊斯顿提出"政治是对于社会价值物的权威性分配的决策活动"，该定义得到广泛认同与引用，而分配主体、分配方式、分配内容也成为政治学研究对象的主要内容。由于"权威性分配"中的"权威"来自于政治权力的获得，因而执政党意志和权力运作方式影响到社会的各个层面。我国的政治体制是共产党领导的多党合作制度，政府部门实行组织任命和公务员招考相结合的科层管理体系，因而行政系统形成工作对上负责、沟通自上而下的封闭性特点。科层管理体系影响到政府职能部门的职责和权限划分，而执政党意志则影响到权力系统的封闭和开放。就住房政策议程而言，住房建设与规划部门、国土管理部门、发展改革委员会等在住房政策议程方面既相互紧密合作又存在各自的行政利益博弈，而权力系统的闭合性则决定了公众议程的组织程度和对政府议程的影响程度。

（5）影响地方政府住房政策议程的利益关系。利益关系尽管表现形式不同，但归根结底是围绕着物质利益占有所发生的人与人之间、人与群体之间或群体与群体之间的经济关系。在住房政策议程领域，既存在中央与地方的利益关系，也存在地方政府与利益集团之间的利益关系，还包括利益集团之间的利益关系。中央与地方的利益关系主要体现在两个方面：一是中央政府和地方政府之间存在权威领导与绝对服从之间的关系；二是我国财政分税制改革以后地方政府存在财权与事权的不匹配关系。地方政府与利益集团之间的关系也体现在两个方面：一是地方政府对利益集团具有合法的领导权、组织权和行政决策权；二是地方政府作为利益主体本身也参与到利益关系的竞争与合作之中。利益集团之间的关系则既包括同业之间的竞争合作关系也包括不同行业之间的竞争合作关系。

（6）影响地方政府住房政策议程的个体因素。个体因素是指由单个自然人所引起的对住房政策议程产生影响的外生变量，也就是说即使是处在同一职能部门同一岗位的议程参与人员，但由于个体素质、能力、态度不同也会对住房政策议程产生完全不同的影响。

3.1.2.2 影响因素的观测变量与测量模型

根据表3-2，学者们的主要观点可作为影响因素的观测变量备选框，通过对文献的深入解读和对住房管理与服务的相关部门进行的实地调研和访谈，本书构建出地方政府住房政策议程影响因素的测量模型。具体说明如下：

（1）主体因素的观测变量。根据我国实际情况，将表3-2主体因素中政策参与者的"与选举有关的参与者"予以剔除；将"行政当局"与"国会"合并为"政府"，这符合我国住房政策制定主体既包括权力机关也包括权力执行机关的现实国情。由此，主体因素的观测变量可暂定为：政府、利益集团、专家学者、媒体和公众这五个变量。其中，关于"利益集团"，程浩等（2003）[①] 在对我国利益集团进行分类研究时，根据利益集团目标将其划分为经济型利益集团和非经济型利益集团，其中，经济性利益集团是为了表达某些特定群体的经济利益诉求而专门组建起来的，如各经济团体、行业协会等；非

---

① 程浩，黄卫平，汪永成. 中国社会利益集团研究 [J]. 战略与管理，2003（4）：63-74.

经济性利益集团的一个突出特点，是它们本身及其成员并不从他们的活动中得到直接的物质利益，而多以维护或实现社会成员的政治或社会权益为宗旨，如公共利益集团就是典型的非经济性利益集团。因此，"利益集团"这一变量又包括"经济性利益集团"和"非经济性利益集团"两个观测变量。综上所述，主体因素的观测变量主要包括"政府"、"经济性利益集团"、"非经济性利益集团"、"专家学者"、"媒体"和"公众"这六个观测变量。

（2）社会因素的观测变量。表3-2中社会因素包括三个变量：社会价值观、公共舆论、国家与社会的关系。本书认为，公共舆论与国民情绪内涵接近，而国民情绪是本书"政治动力"这一构成要素的观测变量，因此此处不再将"公共舆论"列入影响因素的观测变量。刘伟（2008[①]，2015[②]）对"国家与社会关系"的分析中强调社会的自组织水平，而衡量社会自组织水平的主要标志是自组织的合法性和独立性，故本书把"国家与社会的关系"这一变量转化为"社会自组织水平"，而"社会自组织水平"又包括"社会自组织的合法性"和"社会自组织的独立性"两个观测变量。由此，社会因素的观测变量主要包括"社会价值观"、"社会自组织的合法性"与"社会自组织的独立性"这三个观测变量。

（3）财政因素的观测变量。表3-2中财政因素主要涉及"预算"和"中央—地方关系"这两个变量。根据MBA智库百科的定义，财政预算就是由政府编制、经立法机关审批、反映政府一个财政年度内收支状况的计划。因而，可根据主体的不同划分为中央财政预算和地方财政预算。而在访谈调研和问卷初测中发现，由于人们习惯性把财政预算理解为狭义的预算支出，因而把财政预算这一变量具体化为"中央及地方住房预算有关支出"；另外，由于各地经济发展水平不同，地方政府对"土地财政"的依赖性不同，继而影响到土地流转费用及相关成本增加，因而"地方政府财政收入"也构成财政因素的一个观测变量。因此，财政因素的观测变量主要包括："中央及地方住房预算有关支出"和"地方政府财政收入"两个观测变量。

（4）政治因素的观测变量。表3-2中政治因素包括"官僚体制"和"体制内外的对话结构"两个变量，其中，祝小宁和白秀银（2008）[③]在对我国官

[①] 刘伟. 政策议程创建模式转型与政府治理能力提升[J]. 改革，2008（8）：139-144.
[②] 刘伟. 国家治理视域下我国社会自组织状况再考察[J]. 学习与实践，2015（4）：74-81.
[③] 祝小宁，白秀银. 公共政策议程被扭曲的原因分析及对策研究[J]. 电子科技大学学报（社科版），2008（1）：49-52.

僚体制的分析中强调由于官僚体制的程序性运转导致权力系统的封闭性继而使政策议程被无意扭曲，因而本书将"官僚体制"这一变量转换为更易观测的"权力系统的封闭性"。关于"体制内外的对话结构"，刘伟（2008）①强调，在管制型治理模式下，体制内的行为者由于掌控着权力资源和信息资源因而在与体制外行为者的对话结构中居于主导地位，因而双方在政策形成过程中的利益竞争与博弈能力也是不对等的。由此，"体制内外的对话结构"特指政府体系内外的沟通方式与沟通机制，这一变量可借由对话主体的平等性、对话平台的完备性和对话机制的顺畅性这三个指标予以测量。因此，政治因素的观测变量主要包括："权力系统的封闭性"、"体制内外对话主体的平等性"、"体制内外对话平台的完备性"和"体制内外对话机制的顺畅性"四个观测变量。

（5）利益关系的观测变量。表3-2中的利益关系这一因素包括三个变量：中央—地方利益关系、政府—利益集团利益关系、领导者个人利益，这三个变量清晰且容易观测，故保留这三个变量作为观测变量。同时，在访谈调查中，部分行政官员格外强调了利益集团之间的关系，譬如房地产企业之间以及房地产企业与银行之间的种种问题与冲突也往往会给住房政策议程造成影响。因此，增加了"利益集团之间的关系"这一观测变量，从而形成了"中央—地方利益关系"、"政府—利益集团利益关系"、"利益集团之间的关系"和"领导者个人利益"四个观测变量。

（6）个体因素的观测变量。表3-2中的个体因素包括"政策企业家"、"政治领袖"、"政策决策者"三个变量，美国学者 Nicholson-Crotty 和 Kenneth Meier②将政策企业家划分为道德企业家和政治企业家，道德企业家主要是一些非政府组织或个人，他们进行积极的政策建议、价值引导或社会救助，政治企业家主要是政府部门，他们能敦促政策问题向政策议题的转化。根据上述分析，本书为便于观察，将政策企业家划分为体制内政策企业家与体制外政策企业家。政治领袖这一变量在预调查中发现容易被误解，受访者极易把"政治领袖"理解为"国家党政一把手"，后又根据对房管局、执法局和社区部分工作人员的访谈结果将这一变量转换为住房政策领域的"城市一把手"和"群体精神领袖"。由此便形成了"体制内政策企业家"、"体制外政策企业家"、

---

① 刘伟. 政策议程创建模式转型与政府治理能力提升 [J]. 改革，2008（8）：139-144.
② Nicholson-Crotty Sean, Kenneth Meier. FromPerception to Public Policy: Translating Social Constructions into Policy Designs [A]. Anne Schneider, Helen Ingram. In Deserving and Entitled: Social Constructions and Public Policy, ed. Albany [C]. NY: SUNY Press, 2005: 223-242.

"政策决策者"、"城市一把手"与"群体精神领袖"五个观测变量。

综上所述,地方政府住房政策议程影响因素的测量模型如图 3-2 所示。

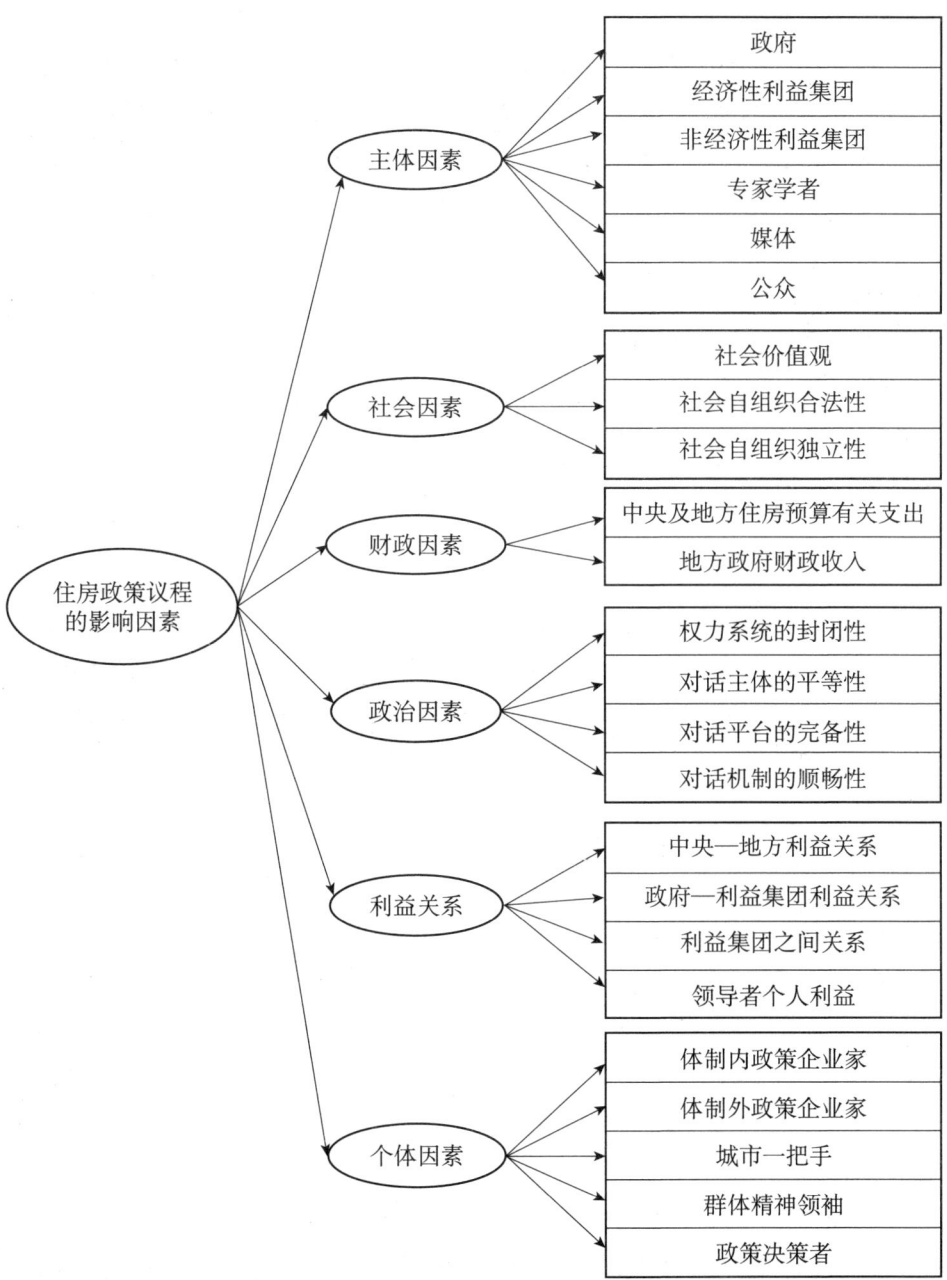

图 3-2 影响因素测量模型

3.1.3 地方政府住房政策议程的概念结构模型

基于上述对地方政府住房政策议程内涵与影响因素的理论分析以及测量模型的构建，本书构建了地方政府住房政策议程的概念结构模型，如图 3-3 所示。该模型包括以下三层含义：(1) 影响因素和政策议程内涵是本书概念模型的两个基本组成部分；(2) 影响因素主要包括主体因素、社会因素、财政因素、政治因素、利益关系和个体因素六个外生变量，政策议程内涵主要包括问题感知、方案备选和政治动力三个内生变量；(3) 影响因素对政策议程内涵的作用关系是本书研究的核心问题。

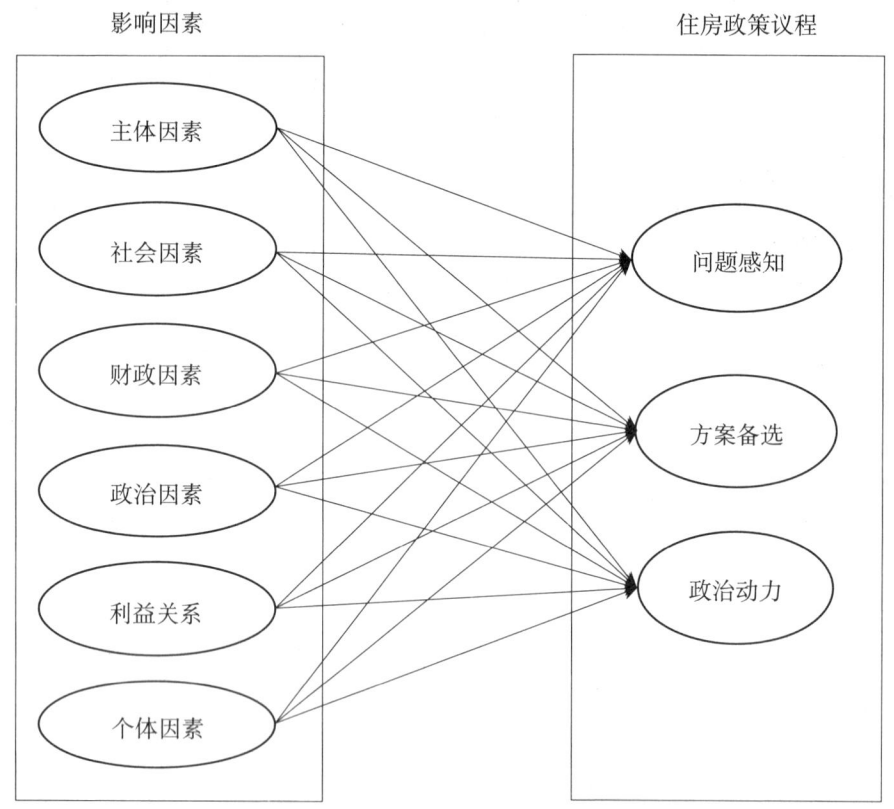

图 3-3 地方政府住房政策议程概念结构模型

将上述概念模型与测量模型汇总起来形成完整的地方政府住房政策议程结构模型综合图，如图 3-4 所示。

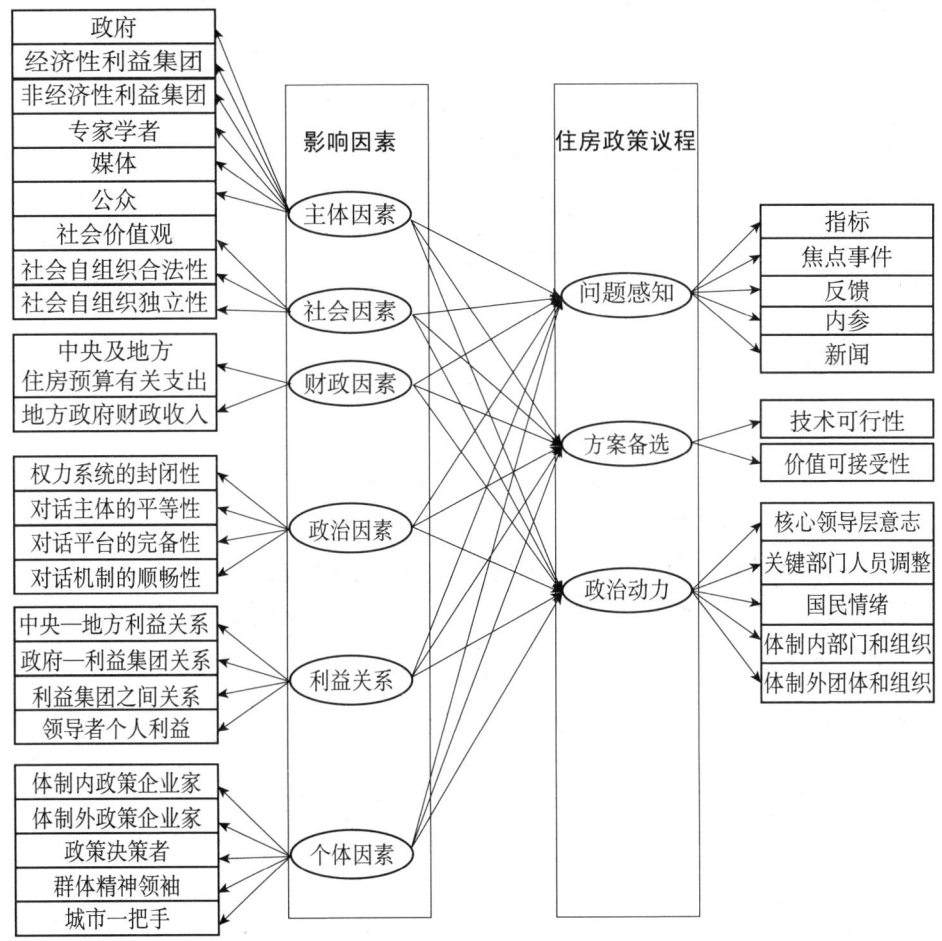

图 3-4 地方政府住房政策议程结构模型综合图

3.2 研究假设提出

根据本书所构建的地方政府住房政策议程概念结构模型，下面将分别对这六类影响因素对住房政策议程的影响提出研究假设。

3.2.1 主体因素与地方政府住房政策议程

政策议程的主体因素主要指政策议程的参与者，金登（1984）将政策议程参与者区分为政府内部参与者与政府外部参与者。

在对问题感知的影响方面,格里菲斯(1939)[①]、金登(1984)[②]等分析了政治家、行政官僚、利益集团对政策问题界定有着积极的影响;安德森(1988)[③]总结了政策问题进入政策议程的四种触发机制,即政治领袖的触发、危机事件的触发、抗议活动的触发和通信媒介的触发,而这分别对应着政策议程建构的政府主体、公众主体和媒介主体;美国学者罗格·W.科布(1976)[④]研究了政策问题的提出者对政策议程模式的影响;伯纳德·科恩(1963)[⑤]强调了议程设置中媒介议程、公众议程与政策议程的相互关系。国内学者姜国兵(2009)[⑥]指出,我国的政策议程设置中官方决策者依旧是主导力量,公众和媒体的力量正逐步壮大,形成了"公众+网络媒体"模式对"官方决策者+传统媒体"模式补充的新格局。孙萍和许阳(2013)[⑦]揭示出由于我国政策主体平等性缺失导致政策问题界定中公共性取向的现实偏离。郑海明和丁雷(2007)[⑧]分析了社会转型期弱势群体的利益表达机制。陈映芳(2003)[⑨]通过调研发现,当前居委会、街道成为贫困群体最主要的利益表达渠道,而外来人员,包括农民工在内的利益表达在某种程度上可以说是无制度性支持的状态。章绍甫和邱新有(2007)[⑩]剖析了大众传播媒介对农传播的忽视与偏见影响到农村社会情绪难以进入政策议程。应星(2001)[⑪]提出社会中的弱势群体"要使自己的具体问题纳入政府解决问题的议事日程中,就必须不断运用各种策略和技术把自己的困境建构为国家本身真正重视的社会秩序问题"。艾医卫

---

① 转引自 J. Leiper Freeman. The Political Process [M]. New York: Random House, 1965: 6.
② [美] 约翰·W. 金登. 议程、备选方案与公共政策 [M]. 北京: 中国人民大学出版社, 2004: 143.
③ [美] 安德森. 公共决策 [M]. 北京: 华夏出版社, 1988: 72-75.
④ 罗杰·W. 科布. 比较政治过程的议程制定 [J]. 美国政治学评论, 1976 (70): 126-138.
⑤ 张耀仁. 跨媒体议题设定之探析: 整合次领域研究的观点 [J]. 传播与管理研究, 2005 (2): 74-127.
⑥ 姜国兵. 公共政策议程的设定机制探究 [J]. 江南社会学院学报, 2009 (3): 67-70.
⑦ 孙萍, 许阳. 我国"政策问题界定"公共性取向的现实偏离 [J]. 行政论坛, 2013 (1): 52-57.
⑧ 郑海明, 丁雷. 社会转型期弱势群体的利益表达机制探析 [J]. 山东社会科学, 2007 (2): 155-158.
⑨ 陈映芳. 贫困群体利益表达渠道调查 [J]. 战略与管理, 2003 (6).
⑩ 章绍甫, 邱新有. 农村社会情绪难以进入政策议程的原因分析 [J]. 国家行政学院学报, 2007 (2): 41-44.
⑪ 应星. 大河移民上访的故事 [M]. 北京: 三联书店, 2001: 317.

和彭福清（2001）①分析了社会问题被国家机关认识到并确定为政策问题的主要条件和途径在于：一是客观形势的压力；二是领导人的认识；三是公众诉求的推动；四是大众传媒的关注。张小明（2000）②进一步指出，在中国，常常是党组织和政府主动寻求和发现问题，根据情况将其列入议事日程，从而使这些问题并不经过公众议程而直接形成政策问题。

在对政策方案的影响方面，金登（1984）③强调了政策共同体对政策原汤的影响和政策企业家对政策软化的作用；里普利和富兰克林（Randall Ripley & Grace Franklin, 1984）④指出，影子政府在既定的政策的主体领域中有效地控制了常规决策；薛澜和陈玲（2005）⑤指出与西方国家政府不同，中国政府既负责重大政策的决策，又负责政策执行和修改；

在对政治动力的影响方面，金登（1984）⑥等强调了国民情绪的变化、政府的变更、利益集团的压力对政治溪流的影响；战建华（2009）⑦、何华兵（2008）⑧等分析了我国公众权力的离散和公众政治参与的缺失；金艳荣⑨分析了公共决策中的利害相关者，由于受益者会强烈地拥护该项政策，而牺牲者则会提出抗议的声音，因此，在政府决策中，会主动吸纳受益者参与决策，增强决策的"民主化"程度，与此同时，会尽量避免牺牲者的参与，减少政策制定与实施的阻碍；林尚立（2000）⑩剖析了鉴于各国政治体制的不同，在我国

---

① 艾医卫，彭福清. 社会问题进入政策议程的途径探析［J］. 天津行政学院学报，2001（11）：30-33.

② 张小明. 内部输入：解读当代中国公共政策制定的输入机制［J］. 宁夏社会科学，2000（5）：21-25.

③ ［美］约翰·W. 金登. 议程、备选方案与公共政策［M］. 北京：中国人民大学出版社，2004：147-181.

④ Randall Ripley, Grace Franklin. Congress, the bureaucracy and public policy［M］. Dorsey Press, 1984：10.

⑤ 薛澜，陈玲. 中国公共政策过程的研究：西方学者的视角及其启示［J］. 中国行政管理，2005（7）：99-103.

⑥ ［美］约翰·W. 金登. 议程、备选方案与公共政策［M］. 北京：中国人民大学出版社，2004：184-205.

⑦ 战建华. 中国的政策议程分析——以公众议程为视角［J］. 经济与社会发展，2009（1）：69-71.

⑧ 何华兵. 中国公共政策的公众议程设置模式的探讨［J］. 甘肃行政学院学报，2008（1）：87-89.

⑨ 金艳荣. 利害相关者参与公共决策：类型、过程与实现途径［J］. 理论探讨，2014（1）：154-157.

⑩ 林尚立. 当代中国政治形态研究［M］. 天津：天津人民出版社，2000.

主要表现为执政党通过舆论引导、思想教育以及各种补偿等方式来引导"国民情绪",呈现出"执政党领导政府,政府影响社会"的特色方式;朱亚鹏(2006)[①]指出,由于社会大众在房地产调控中的作用薄弱,对政府与市场监管无力,住房政策网络非常封闭。

基于上述分析,本书对主体因素和地方政府住房政策议程的关系提出如下假设:

假设1:主体因素直接正向影响地方政府住房政策议程。

假设1-1:主体因素直接正向影响地方政府住房政策议程问题感知。

假设1-2:主体因素直接正向影响地方政府住房政策议程方案备选。

假设1-3:主体因素直接正向影响地方政府住房政策议程政治动力。

3.2.2 社会因素与地方政府住房政策议程

在社会因素对政策议程的影响中,学者们分别探讨了社会价值观和社会自组织水平对政策议程的影响。

就社会价值观对政策议程的影响,金登(1984)[②]分别指出了价值观对问题源流、政策源流和政治源流的影响,即"一个人带入某一观察中的价值观在问题界定中具有重要的作用"、"在政策共同体中幸存下来的政策建议往往符合那些专业人员的价值观"、"政治领域中共识的建立是通过一种讨价还价的过程而不是通过说服的过程来进行的"。谢泼德和沃斯(1987)[③]指出,"一个社会的价值观、信仰和态度影响着人们对于客观社会状况的主观看法。随着人们价值观、信仰和态度的改变,是否把某一社会状况当作社会问题来对待的概念也会发生变化。"美国学者Schneider和Ingram(1997)[④⑤]从社会价值观的内容层面上分析了社会行动或政策方案中的工具取向和正义取向,他们指出,在价值取向上,针对权贵阶层应倡导工具取向,意在谋求国家长远发展,

---

[①] 朱亚鹏. 住房货币化改革与社会公平——贵阳房改个案研究[J]. 武汉大学学报(哲学社会科学版), 2006(9): 661-668.

[②] [美]约翰·W. 金登. 议程、备选方案与公共政策[M]. 北京: 中国人民大学出版社, 2004: 139、167、205.

[③] [美]乔恩·谢泼德, 哈文·沃斯. 美国社会问题[M]. 乔寿宁, 刘乙合, 译. 太原: 山西人民出版社, 1987: 3.

[④⑤] Schneider Anne, Helen Ingram. Policy Design for Democracy [M]. Lawrence, KS: University Press of Kansas, 1997: 134.

针对弱势群体则应强调正义取向，从而体现社会公平正义。在住房政策议程方面，接家东（2006）① 发现，西方消费文化影响下的我国城市中产阶级在住房消费的类型与倾向上表现出从模仿消费转向认同消费，借助住房消费彰显经济收入与品位格调的特征；刘洪波（2008）② 指出，住房作为家的代名词，城市青年已经将有无住房视为缔结婚姻关系的前提，高额的房价以及住房对婚恋观念的强烈影响，促使城市已婚青年推迟生育期、落入"啃老一族"，城市青年夫妻的婚姻关系更是因为房贷而受到影响；张汉与张登国（2007）③ 研究了房奴群体的产生原因，通过对住房地段、户型、面积等的选择，彰显了自己的群体归属，从而获得一种本体性安全。

就社会自组织水平对政策议程的影响，扬宏山（2002）④ 认为，社会力量薄弱，就会缺乏自下而上的沟通机制，民众的利益表达和利益聚合缺少必要的组织形式和组织通道，因而政策输出与利益需求之间会存在较大差距，同时缺乏社会精英，社会的抗拒运动水平低。刘伟（2008）⑤ 指出，在社会力量强大的国家，有组织的体制外行为者对议程形成的影响力也比较强。朱光磊（1997）⑥ 也曾就中国的社会性利益群体指出，"它们既代表一部分群众向中国共产党和各级政府表达意见，又常常反过来协助党和政府做自己所代表的那部分群众的工作，而不是简简单单地施加压力"。郑永年（2011）⑦ 认为，中国政府与社会的关系比较复杂，一方面，中国体现出典型的强政府现象，中国政府具有强大的社会动员能力来达成其政策议程，能"从容"应付来自社会的各方面的挑战；但另一方面，中国不仅社会很弱，政府也很弱，政府的很多政策推行不下去，往往停留在字面上。刘伟（2015）⑧ 分析当前中国社会的自组织状况，指出中国社会自组织既体现了"全能型政治—社会结构"的强大惯

---

① 接家东. 中国中产阶级社会地位认同的消费社会学分析——以城市个人住房消费为例 [D]. 长春：吉林大学，2006.
② 刘洪波. 房价翻动了城市青年的婚恋奶酪 [J]. 中国青年研究，2008（4）：8-10.
③ 张汉，张登国. 从社会心理学视角探讨中国城市"房奴"现象 [J]. 河北科技大学学报（社会科学版），2007（2）：33-37.
④ 扬宏山. 当代中国政治关系 [M]. 北京：经济日报出版社，2002：274.
⑤ 刘伟. 政策议程创建模式转型与政府治理能力提升 [J]. 改革，2008（8）：139-144.
⑥ 朱光磊. 当代中国政府过程 [M]. 天津：天津人民出版社，1997：83.
⑦ 郑永年. 强政府和强社会 [J]. 浙江人大，2011（9）：21.
⑧ 刘伟. 国家治理视域下我国社会自组织状况再考察 [J]. 学习与实践，2015（4）：74-81.

性，也体现了经济社会转型的直接推动特征。李秀义（2014）[①] 通过实证分析认为广州和成都初步呈现出"强政府强社会"的模式特征。闵学勤（2013）[②] 研究了我国公众议程中的阶层化影响，他指出，日趋固化的阶层结构使得阶层利益表达越来越程式化，而这又进一步加剧了社会结构的阶层分化。

基于上述分析，本书对社会因素和地方政府住房政策议程的关系提出如下假设：

假设2：社会因素直接正向影响地方政府住房政策议程。

假设2-1：社会因素直接正向影响地方政府住房政策议程问题感知。

假设2-2：社会因素直接正向影响地方政府住房政策议程方案备选。

假设2-3：社会因素直接正向影响地方政府住房政策议程政治动力。

3.2.3 财政因素与地方政府住房政策议程

财政因素对政策议程的影响，可分两步来探讨：第一，预算对政策议程的影响；第二，地方政府财政收入对政策议程的影响。

就预算对政策议程的影响，金登的观点极具代表性，他（1984）[③] 指出，预算可作为约束因素也可作为促进因素，前者可以迫使重要人士减少一些政策建议的费用或者因一种明显的抑制性成本而完全忽略某些选择，而后者则可以提高某些项目在某一政府议程上的地位。

就地方政府财政收入对政策议程的影响，孙秀林、周飞舟（2013）[④] 指出，分税制导致了地方财政收入和支出间的巨大缺口，使地方政府逐渐走向以土地征用、开发和出让为主的发展模式，从而形成了土地财政；杨志勇（2015）[⑤] 强调地方政府"公司化"就是一个较为突出的问题，在相当长时间

[①] 李秀义. 社会治理体制改革创新中政府与社会关系的发展路径探析——基于国内基层管理创新的典型模式分析 [J]. 中南大学学报（社会科学版），2014（4）：159-165.

[②] 闵学勤. 行动者的逻辑——公众参与的阶层化与结构化研究 [J]. 江苏社会科学，2013（4）：47-53.

[③] [美]约翰·W. 金登. 议程、备选方案与公共政策 [M]. 北京：中国人民大学出版社，2004：132-137.

[④] 孙秀林，周飞舟. 土地财政与分税制：一个实证解释 [J]. 中国社会科学，2013（4）：40-59.

[⑤] 杨志勇. 分税制改革中的中央和地方事权划分研究 [J]. 经济社会体制比较，2015（3）：21-31.

内普遍的"招商引资"活动是特殊时期中国地方政府所独有的现象；朱亚鹏（2012）① 认为地方政府需要土地财政来弥补地方经费的不足从而产生对中央政策贯彻不力的现象；向玉琼（2008）② 分析了地方政府的政策供给意愿，指出地方政府的政策供给意愿受到中央政策需求、公众政策需求与地方政策需求三种需求力量的博弈影响。

基于上述分析，本书对财政因素和地方政府住房政策议程的关系提出如下假设：

假设3：财政因素直接正向影响地方政府住房政策议程。
假设3-1：财政因素直接正向影响地方政府住房政策议程问题感知。
假设3-2：财政因素直接正向影响地方政府住房政策议程方案备选。
假设3-3：财政因素直接正向影响地方政府住房政策议程政治动力。

3.2.4 政治因素与地方政府住房政策议程

从问题界定、方案选择到政治动力，政治因素在我国地方政府住房政策议程中的影响是非常全面而持久的。

就政治因素对问题感知的影响，于永达和药宁（2013）③ 强调了中国情境下能够形成问题源流的社会问题不是"无偏样本"，而是受到政治源流检验的"有偏样本"。李丹林（2012）④ 指出，由于执政党对意识形态的高度关注，媒体在舆论监督和舆论引导方面受到严格规制，再加上地方政府对舆论的敏感和约束，一些不符合执政党意识形态、不利于社会稳定、可能会引发社会思潮的社会问题就难以报道，进而也就难以形成"问题源流"。

就政治因素对方案备选的影响，龚雯（2009）⑤ 认为，与西方国家不同，我国政策分析的专业机构发展不足，不能形成百家争鸣、百花齐放的政策原汤。王绍光（2006）⑥ 指出，新中国成立以来我国的政策动力主要来自于自上

---

① 朱亚鹏.我国房地产调控中的问责困境[J].学术研究，2012（12）：50-54.
② 向玉琼.论地方政策供给意愿的形成与变更[J].长白学刊，2008（6）：32-37.
③ 于永达，药宁.政策议程设置的分析框架探索——兼论本轮国务院机构改革的动因[J].中国行政管理，2013（7）：27-31.
④ 李丹林.媒介融合时代传媒管制问题的思考[J].现代传播（中国传媒大学学报），2012（5）.
⑤ 龚雯."中国最高智库"将保持独立不会为赞助商代言[N].人民日报，2009-06-18.
⑥ 王绍光.中国公共政策议程设置的模式[J].中国社会科学，2006（5）.

而下的执政党推动方式，政策企业家作用有限，近些年虽然强人政治逐渐势弱，各种利益群体通过"内参模式"或"借力模式"来影响政策议程，但归根结底还是通过影响核心领导层意志来推动政策议程的发展。施雪华等（2012）[①]指出，我国的政策过程特点是政策连贯性高、包容性强，不允许出现激进式政策变革。

就政治因素对政治动力的影响，张哲（2010）[②]指出，由于我国党管干部制度既包括"静态的"对具体的职务到达一定级别的领导者的管理也包括"动态的"对干部工作的管理，在实际工作中，通常人们认为"党管干部"即为党决定干部的升迁和任命，但事实上，党的系统实行"一把手"说了算，因而党管干部就演化为"书记决定干部"，这就造成了人民主权理论的"人民决定干部命运"与实践中的"书记决定干部命运"之间的冲突，致使领导干部只对"上"（即向党委和党的书记）负责却无法对"下"（即向公众）负责。

基于上述分析，本书对政治因素和地方政府住房政策议程的关系提出如下假设：

假设 4：政治因素直接正向影响地方政府住房政策议程。

假设 4-1：政治因素直接正向影响地方政府住房政策议程问题感知。

假设 4-2：政治因素直接正向影响地方政府住房政策议程方案备选。

假设 4-3：政治因素直接正向影响地方政府住房政策议程政治动力。

3.2.5 利益关系与地方政府住房政策议程

利益关系对政策议程的影响，较普遍的认知是利益集团对政策议程的影响，但就我国而言，中央—地方利益关系、政府—利益团体利益关系以及领导者个人利益权衡都会对政策议程发生影响。

就中央——地方利益关系而言，鲁全（2011）[③]指出，中央政府和地方政府的利益状况和结构决定了它们各自的行动标准，地方政府处于信息相对优势

---

① 施雪华，曹胜，汤静容．新中国政治发展的主要教训与未来走向［J］．社会科学研究，2012 (1)．

② 张哲．浅析中国特色的"党管干部"制度［J］．哈尔滨市委党校学报，2010 (5)：64-66．

③ 鲁全．基于中央地方关系的养老保险政策议程模式研究［J］．中国人民大学学报，2011 (3)：113-119．

地位，而中央政府具有政策议程的决策权，在此基础上构建了三条政策议程模式：一是中央政府的利益失衡直接启动政策议程；二是中央政府利益失衡但委托地方政府提供相关信息，并在此基础上决定是否将政策问题纳入政策触发程序；三是地方政府利益失衡并通过选择性的信息显示推动中央政府进行政策触发。谭羚雁、娄成武（2012）[①] 分析了保障性住房政策中中央与地方两级政府的不同价值选择，中央政府表达的是一种公平取向的集体理性，地方政府则体现出一种自身利益取向的个体理性。刘志林（2009）[②] 分析了低收入住房政策模式选择中的中央—地方差异，中央政府更加倾向于供给方补贴模式，而地方政府则倾向于直接向低收入家庭提供租金补贴的需求方补贴模式。

就政府—利益团体利益关系而言，金登（1984）[③] 区分了利益集团的类型，包括：工商企业、专业团体、"公共利益"团体，金登指出，利益集团是最重要的参与者之一；利益集团压力对政府议程的确有积极的影响，且这种积极影响发生的频率很高；利益集团常常很注意保护眼前的利益和特权，所以它们影响政府议程的方式更多的是阻碍而不是促进潜在的项目；利益集团通常不是试图构建一个政府议程，而是将自己的备选方案依附在一些别人可能已经使其地位显著的议程项目上。龚小波（2014）[④] 指出，利益集团对我国公共政策议程的消极影响主要有：一是部分强势利益集团扭曲政策议程；二是政府与利益集团的共谋导致公共政策非公共化。导致这一现象的主要原因是利益集团发育不成熟和由于参与制度尚未形成及法律制度不完善所导致的体制内参与途径不畅。范俊兵（2008）[⑤] 指出，目前我国利益集团发展中存在的主要问题有涉外利益集团的强势发展、国有垄断企业的超强地位、弱势群体无法形成有力的利益集团整合表达其利益、利益集团间的博弈规则不够健全。陈水生和黄颖（2009）[⑥] 剖析了利益集团和政治精英在隐蔽议程形成机制中的角色和关系，

[①] 谭羚雁，娄成武. 保障性住房政策过程的中央与地方政府关系——政策网络理论的分析与应用[J]. 公共管理学报，2012（1）：52-63.

[②] 刘志林. 低收入住房政策模式选择的中央—地方差异——基于网络分析法的决策模型分析[J]. 城市与区域规划研究，2009（2）：48-67.

[③] [美] 约翰·W. 金登. 议程、备选方案与公共政策[M]. 北京：中国人民大学出版社，2004：59-63.

[④] 龚小波. 我国利益集团对公共政策议程的消极影响及对策研究[J]. 求索，2014（12）：25-29.

[⑤] 范俊兵. 公共政策制定——利益集团之间的博弈[J]. 沿海企业与科技，2008（3）：46-48.

[⑥] 陈水生，黄颖. 隐蔽议程形成机制中的利益集团和政治精英[J]. 南京社会科学，2009（3）：77-81.

指出共容性利益、共生型关系和共谋型行动是隐蔽议程形成的原因和内在机理，只有通过建构开放性议程才能消解隐蔽议程的消极影响。

就领导者个人利益对政策议程的影响而言，金登（1984）[①]在对政治任命官的分析中指出，我们还要注意政治任命官所具有的一个基本问题：任职的非永久性；政治任命官不是产生问题而是抬高问题。关于这一点，本书在对单位房的访谈中，受访者也指出："单位在什么情况下考虑员工的住房问题，一般跟领导者个人也有关，领导若缺房子，那就会把员工的住房问题提上议事日程。"

基于上述分析，本书就利益关系对地方政府住房政策议程的影响提出如下假设：

假设5：利益关系直接正向影响地方政府住房政策议程。

假设5-1：利益关系直接正向影响地方政府住房政策议程问题感知。

假设5-2：利益关系直接正向影响地方政府住房政策议程方案备选。

假设5-3：利益关系直接正向影响地方政府住房政策议程政治动力。

3.2.6 个体因素与地方政府住房政策议程

关于个体对政策议程的影响，金登（1984）[②]认为，政策企业家不仅倡议活动、软化政策，而且也涉及经济活动，抓住机会促进政策之窗开启；多数职业官僚都是在执行一些现存的政策项目，不过通过来自政策项目运作的反馈，执行也能够导致创新；政策制定者具有使这些主题能引起他们注意的个人经验。刘伟（2010）[③]认为，我国政策议程中政治领袖依靠其法定权威和个人影响力往往成为决定性因素。祝小宁和白秀银（2008）[④]指出权威领导人的个人素质是人为扭曲政策议程的重要影响因素。张海柱（2013）[⑤]基于社会建构论

[①] [美]约翰·W. 金登. 议程、备选方案与公共政策 [M]. 北京：中国人民大学出版社，2004：34-37.

[②] [美]约翰·W. 金登. 议程、备选方案与公共政策 [M]. 北京：中国人民大学出版社，2004：35，39，97，230-231.

[③] 刘伟. 政策议程创建过程的主体分析 [J]. 广东行政学院学报，2010（12）：5-9.

[④] 祝小宁，白秀银. 公共政策议程被扭曲的原因分析及对策研究 [J]. 电子科技大学学报（社会科学版），2008（1）：49-52.

[⑤] 张海柱. 政策议程设置中的社会建构逻辑——对"农村义务教育学生营养改善计划"的分析 [J]. 学术论坛，2013（3）：174-180.

的视角提出,不同的社会行动者基于一定的环境约束对自己所关注的社会问题建构出不同的社会意义,在意义竞争中获胜的社会问题将会进入政府视野转化为政策议题。

基于上述分析,本书对个体因素和地方政府住房政策议程的关系提出:

假设6:个体因素直接正向影响地方政府住房政策议程。

假设6-1:个体因素直接正向影响地方政府住房政策议程问题感知。

假设6-2:个体因素直接正向影响地方政府住房政策议程方案备选。

假设6-3:个体因素直接正向影响地方政府住房政策议程政治动力。

第 4 章

变量测量、问卷设计与数据收集

基于第 3 章的概念模型和研究假设,地方政府住房政策议程形成了九个潜变量、十八个假设的结构方程模型,本章将在此基础上对变量测量进行操作性定义说明、编制原始调查问卷,并经初测优化后形成正式调查问卷。

4.1 变量测量

在第 3 章的测量模型构建中,地方政府住房政策议程的 9 个潜变量的观测变量已经形成,这同时也是这九个潜变量的度量指标,下面分别对这些度量指标进行操作性定义说明。

4.1.1 地方政府住房政策议程内涵的变量测量

地方政府住房政策议程的内涵主要包括问题感知、方案备选和政治动力三个潜变量。

问题感知的度量指标主要包括指标、焦点事件、反馈、内参和新闻。金登(1984)对指标、焦点事件和反馈都有清晰的界定:指标是用来评价某一问题重要性以及该问题变化的指数;焦点事件则是指能够导致对于某个问题关注的一些重大事件或危机事件;反馈可以提供关于那些可能不符合立法意图或上级行政意图的信息,可以表明不能满足规定目标的现实,或表明一些意外的后果。关于内参的定义,《汉典网》解释为内部参考读物,往往指供领导者或一定范围内的同志阅读参考的内部情况报道。而新闻的概念界定，我国普遍认可并运用最广的是陆定一的定义，即"新闻的定义，就是新近发生的事实的报道"①，随着时代的发展，该定义也引发了诸多学者的讨论与修正，陈响园（2013）结合媒介技术的发展和信息传播的特点，将新闻定义为"新近信息的媒介互动"②，该定义体现了新闻的时效性、媒介技术的发展性和信息传播的互动性特征，符合本书的研究要求，故予以采纳。

方案备选的度量指标包括技术可行性和价值可接受性，金登虽然对"技术可行性"和"价值可接受性"进行了非常充分的阐述，但并没有给予精确的界定。他指出，技术可行性大量涉及的是执行环节，对政策建议技术方面的关注可能变得很详细；在政策共同体中幸存下来的政策建议往往都符合那些专业人员的价值观，与专业人员价值观不相符的政策建议具有很少的幸存机会。本书据此进行了归纳总结，将"技术可行性"界定为在执行中专业技术领域的可实现性，将"价值可接受性"界定为在政策共同体内的价值共识。

政治动力的度量指标主要包括核心领导层意志、关键部门人员调整、国民情绪和有组织的政治力量。在本书研究中，核心领导层意志主要是指住房政策议程中地方政府领导集体的政策意愿。而"关键部门人员调整"和"国民情绪"国内外解释比较一致，即"关键部门人员调整"是指重要部门的人事变动，"国民情绪"则指公共舆论的变化或者广泛的社会运动。"有组织的政治力量"又包括两个变量："体制内部门和组织"和"体制外团体和组织"，它们分别意指"政府内部的其他相关部门和组织"与"政府体系之外的其他团体与组织"。

综上所述，地方政府住房政策议程内涵的度量指标及操作性定义说明如表4-1所示。

4.1.2 地方政府住房政策议程影响因素的变量测量

地方政府住房政策议程的影响因素主要包括主体因素、社会因素、财政因素、政治因素、利益关系和个体因素6个潜变量。

---

① 陆定一. 我们对新闻学的基本观点 [N]. 解放日报，1943-09-01.
② 陈响园. "新闻是新近信息的媒介互动"——试论新媒体传播背景下"新闻"的定义 [J]. 编辑之友，2013（11）：45-49.

表 4-1　　　　　住房政策议程内涵的度量指标及操作性定义

潜变量	度量指标	操作性定义
问题感知	指标	用来评价某一问题重要性以及该问题变化的指数
	焦点事件	能够导致对于某问题关注的一些重大事件或危机事件
	反馈	目标偏离的执行结果或意外后果
	内参	内部参考读物
	新闻	新近信息的媒介互动
方案备选	技术可行性	政策实行中专业技术领域的可实现性
	价值可接受性	政策共同体内的价值共识
政治动力	核心领导层意志	地方政府领导集体的政策意愿
	关键部门人员调整	重要部门的人事变动
	国民情绪	公共舆论的变化或者广泛的社会运动
	体制内部门和组织	政府内部的其他相关部门和组织
	体制外团体和组织	政府体系之外的其他团体与组织

主体因素的度量指标主要包括政府、利益集团、专家学者、媒体以及公众。关于政府，本书在核心概念界定中就强调本书所指政府既包括权力机关也包括权力执法机关。利益集团一直是学术界研究的一个热点问题，尽管学者们从政治学、经济学、法学对利益集团内涵进行了不同角度的研究，也形成了多元主义、精英主义以及后多元主义的不同研究流派，但对"利益集团"的概念界定仍缺乏统一共识。本书归纳各流派的主要观点，将"利益集团"的本质特征总结为：组织性、利益目标的协同性、与政府主体的对应性、对政治影响的手段性。因此，本书将利益集团的概念界定为"具有内部共同利益目标的旨在影响政府政策行为的组织团体"。利益集团又包括两个观测变量，经济性利益集团和非经济性利益集团，本书所指经济性利益集团是指具有内部共同经济利益目标的旨在影响政府政策行为的组织团体，非经济性利益集团是指具有内部共同非经济利益目标的旨在影响政府政策行为的组织团体。专家学者往往是对特定领域有研究专长的人才的尊称；而"媒体"，从传播学的角度特指用来传播信息的介质；关于"公众"，陈强（2006）[1] 辨析了与"公众"有关的几组概念，指出"公民"与"公众"意义最接近，"公民"更具法律意义，多用指个体；"公众"则更具有社会性，多用指群体。《辞海》（1989）中将公民解释为"具有一国国籍的人"，故本书将公众界定为拥有一国国籍并承担相应权利义务关系的公民群体。

---

[1] 陈强，尤建新. "公众"内涵辨析与公众满意战略 [J]. 上海管理科学，2006（2）：14-16.

社会因素的度量指标主要包括社会价值观和社会自组织水平。金登（1984）强调了价值观在问题界定中的作用，他指出"所观察的状况与一个人对某一理想状态的知觉之间的不相配就变成了问题"[①]，黄三生（2012）[②] 在综述学者们对价值观的内涵研究中指出，一般认为价值观是人们对价值问题的根本观点、根本看法。因此本书认为，住房政策议程中的社会价值观特指社会公众对住房价值问题的根本观点和根本看法。刘伟（2015）[③] 对"社会自组织"定义为：在一定的社会范围内，其成员通过主动的参与、沟通与合作等方式，构建相关组织并开展活动的过程；社会自组织既可以是静态的组织实体，也可以是动态的自组织过程；其生长方向主要是自下而上的，而非政府主导的；其价值诉求主要限定于社会公共空间，而非政府活动的常规领域；其存在并成长的真实逻辑在于自发性、自愿性和自主性，在于社会生活的自然需要。"社会自组织"又包括两个观测变量："社会自组织的合法性"和"社会自组织的独立性"。组织合法性概念起始于20世纪60年代Parsons（帕森斯，1961）在研究制度经济学时提出，后来Maurer（1971）、Ashforth和Gibbs（1990）、Suchman（1995）、Oliver（1996）等相继阐述了自己的观点，综合其核心思想，组织合法性可定义为组织的实体价值与社会价值规范相匹配，这包括对法律规范的遵守、对公众认知价值的服从以及对社会责任的担当。组织独立性的研究源于非营利性组织对外部资助的依赖性导致其自主性的缺失，而在我国，社团组织不仅需要到民政部门注册登记，还需要有行业主管部门进行挂靠管理，因而其独立性不但体现在经费资助的依赖性上还体现在行政管理的控制性上。

财政因素的度量指标主要包括中央及地方住房预算有关支出和地方政府财政收入。财政预算是指由政府编制、经立法机关审批、反映政府一个财政年度内收支状况的计划，它体现了政府的政策目标、活动范围和政策手段。中央及地方住房预算有关支出则指中央政府和地方政府关于当地住房建设相关的支出计划。财政收入则表现为政府部门在一个财政年度内所取得的货币收入。

政治因素的度量指标主要包括权力系统的封闭性和体制内外的对话结构。权力系统的封闭性特指在科层体系内围绕权力的获得、授予、运用与制约的不

[①] ［美］约翰·W. 金登. 议程、备选方案与公共政策［M］. 北京：中国人民大学出版社，2004：139.

[②] 黄三生. 国内关于社会主义核心价值观概念的研究综述［J］. 华东交通大学学报，2012（12）：96-101.

[③] 刘伟. 国家治理视域下我国社会自组织状况再考察［J］. 学习与实践，2015（4）：74-81.

开放性。体制内外的对话结构强调政府体系内部与外部的沟通机制,这一变量又包括三个观测变量,分别是对话主体的平等性、对话平台的完备性和对话机制的顺畅性。对话主体的平等性是指政府体系内部与外部沟通主体身份地位的一致性或接近性,对话平台的完备性是指政府体系内部与外部沟通渠道建设的健全性,对话机制的顺畅性是指政府体系内部与外部沟通方式的便捷性和有效性。

利益关系的度量指标主要包括中央—地方利益关系、政府—利益集团利益关系、利益集团之间关系和领导者个人利益。中央—地方利益关系是指中央政府和地方政府之间围绕公共事物的责任承担和财政收入的利益分割而形成的政府间关系。政府—利益集团利益关系是指政府与利益集团之间形成的既合作又竞争的博弈关系。利益集团之间关系是指处于利益价值链上的不同集团之间的竞争合作关系。领导者个人利益主要强调领导者在个人利益与公共利益之间的取舍,此处的个人利益不仅包括物质利益也包括精神层面的荣誉、地位和尊严等。

个人因素的度量指标主要包括政策企业家、政治领袖和政策决策者。金登(1984)[①] 将政策企业家界定为:愿意投入自己的资源——时间、精力、声誉以及金钱,来促进某一主张以换取表现为物质利益、达到目的或实现团结的预期未来收益的倡议者。政策企业家又包括两个观测变量,体制内政策企业家和体制外政策企业家,体制内政策企业家是指政府体系内部政策主张的积极倡导者,体制外政策企业家则是指政府体系外部政策主张的积极倡导者。关于政治领袖的内涵界定,学者们主要从政治领袖的人格魅力、能力素质、政治角色、职责功能和社会影响等方面予以研究,谢惠媛(2010)[②] 强调政治领袖是由其追随者所组成的政治共同体的核心,是公共政治生活中最有影响力的灵魂式人物,在公共生活中具有示范效应。该界定符合本书关于政治领袖对政策议程影响的研究视角,故采纳该定义。政治领袖又包括两个观测变量,城市一把手和群体精神领袖,根据《MBA智库百科》,一把手是指一个有组织的单位的最高领导人,其基本特征是拥有实际上的人事权、经营管理权、财务管理权和职务、薪资调动权;精神领袖是通过个人魅力凝聚团队成员,创造巨大财富的具

---

① [美] 约翰·W. 金登. 议程、备选方案与公共政策 [M]. 北京:中国人民大学出版社,2004:226.

② 谢惠媛. 论政治领袖的公共示范效应 [J]. 伦理学研究,2010 (9):84 – 88.

备领袖特质的管理者。因此，在本书研究中，城市一把手特指在政府体系内某一城市的最高领导人，群体精神领袖特指政府体系外部凝聚某一团队成员的具备领袖特质的管理者。关于政策决策者，根据百度百科，广义的决策者是指决策机构、享有决策权力的人和对决策有较大影响的人，狭义的决策者是指根据法律在政府中占决策职位的直接决策者，决策者具有法定的政策制定权力，参与政策制定的全过程。由于本书是研究个体因素中的政策决策者，因而采用狭义定义，即政策决策者是指根据法律在政府中占决策职位的直接决策者。

综上所述，地方政府住房政策议程影响因素的度量指标及操作性定义说明如表4-2所示。

表4-2　　　　住房政策议程影响因素的度量指标及操作性定义

潜变量	度量指标	操作性定义
主体因素	政府	既包括权力机关也包括权力执行机关
	经济型利益集团	具有内部共同经济利益目标的旨在影响政府政策行为的组织团体
	非经济型利益集团	具有内部共同非经济利益目标的旨在影响政府政策行为的组织团体
	专家学者	特定领域有研究专长的人才
	媒体	用来传播信息的介质
	公众	拥有一国国籍并承担相应权利义务关系的公民群体
社会因素	社会价值观	社会公众对住房价值问题的根本观点和看法
	社会自组织的合法性	社会组织自我建构的实体价值与社会规范价值相匹配
	社会自组织的独立性	社会组织运行的自主性
财政因素	中央及地方住房预算有关支出	中央政府和地方政府关于当地住房建设的相关支出计划
	地方政府财政收入	政府部门在一个财政年度内所取得的货币收入
政治因素	权力系统的封闭性	科层体系内围绕权力的获得、授予、运用与制约的不开放性
	体制内外对话主体的平等性	政府体系内外沟通主体身份地位的一致性或接近性
	体制内外对话平台的完备性	政府体系内外沟通渠道的健全性
	体制内外对话机制的顺畅性	政府体系内外沟通的便捷性和有效性

续表

潜变量	度量指标	操作性定义
利益关系	中央—地方利益关系	中央政府与地方政府之间围绕公共事物的责任承担和财政收入的利益分割而形成的政府间关系
	政府—利益集团关系	政府与利益集团之间的合作竞争关系
	利益集团之间关系	处于利益价值链上的不同集团之间的竞争合作关系
	领导者个人利益	既包括物质利益也包括精神层面的荣誉、地位和尊严等
个体因素	体制内政策企业家	政府体系内部政策主张的积极倡导者
	体制外政策企业家	政府体系外部政策主张的积极倡导者
	城市一把手	在政府体系内某一城市的最高领导人
	群体精神领袖	政府体系外部凝聚某一团队成员的具备领袖特质的管理者
	政策决策者	根据法律规定在政府中占决策职位的直接决策者

4.2 问卷设计

本书关于地方政府住房政策议程的影响因素及作用机理研究采用了调查问卷的形式，下面就调查问卷的设计思路、问卷编制及优化进行阐述。

4.2.1 问卷设计思路

（1）理论借鉴构建量表雏形。本书主要借鉴了多源流理论基础和国内外关于地方政府住房政策议程的相关文献研究，构建了地方政府住房政策议程的9个潜变量和33个观测变量，从而形成了问卷调查的量表雏形。

（2）实地访谈修改量表变量。由于我国地方政府住房政策议程具有鲜明的中国特色，且政策背后部分鲜为人知的议程"暗箱"，勾勒出错综复杂的利益主体关系，因此，实地访谈是本书研究量表设计非常重要的一个辅助手段。通过访谈调查，增加了一些贴近我国国情的变量设计，筛减了一些有显著差异的西方政治文化背景下的量表变量，修正了部分中西方既有相似又有相异的变量设计，从而使量表设计既具有科学性又具备客观性，修改后的量表包括9个潜变量和36个观测变量。

(3) 专家小组商榷量表设计。在关于量表设计理论建构与访谈修订的基础之上，组织了两次专家小组讨论会，其成员包括住房管理与服务部门的政府官员3位、高校研究者3位。小组就量表的题项设计、表述方式及后期的数据预处理进行了充分的讨论和商榷，最终确定了本书研究的调查量表。

(4) 小样本预调查。在量表设计的基础之上，本书选择了甘肃省兰州市两个住房管理与服务部门进行了问卷初测，主要进行了题项设计的完备性、题项表述的可理解性和题项排序的合理性的预调查分析。根据预调查结果，调整了一个变量的表述方式使之更加具体明晰，修改了两个问题题项使该变量测试更具完备性。

(5) 量表及问卷的最终定稿。根据小样本预调查的结果，本书对问卷中存在的问题与不足进行了修改和完善，形成了最终的量表和调查问卷。此正式问卷将用于后期的大样本调查，整体设计更趋简洁、合理、充分、完整。

4.2.2 问卷编制

本书所使用的调查问卷，其主体内容包括两大部分：一是地方政府住房政策议程内涵的调查问卷；二是地方政府住房政策议程影响因素的调查问卷。第一部分住房政策议程内涵的调查问卷中共有12个测量题项；第二部分影响因素的调查问卷中共有24个测量题项。测量题项的内容如表4-3、表4-4所示，测量问卷的详细内容见附录1。问卷主体内容采用李克特（Likert）5级量表进行调查，即用1~5的5个数字表示受试者对某一题项重要性的评价程度，5表示"非常重要"、4表示"重要"、3表示"不清楚"、2表示"不重要"、1表示"非常不重要"。

表4-3　　　　　　　住房政策议程内涵的问卷设计内容

潜变量	度量指标	编号
问题感知 （L1）	经济发展与社会管理指标	Q1
	焦点事件	Q2
	反馈	Q3
	内参	Q4
	新闻	Q5
方案备选 （L2）	技术可行性	Q6
	价值可接受性	Q7

续表

潜变量	度量指标	编号
政治动力 (L3)	核心领导层意志	Q8
	关键部门人员调整	Q9
	国民情绪	Q10
	体制内部门和组织	Q11
	体制外团体和组织	Q12

表 4-4　　　　　　　住房政策议程影响因素的问卷设计内容

潜变量	度量指标	编号及代码
主体因素 (L4)	政府	Q13
	经济型利益集团	Q14
	非经济型利益集团	Q15
	专家学者	Q16
	媒体	Q17
	公众	Q18
社会因素 (L5)	社会价值观	Q19
	社会自组织的合法性	Q20
	社会自组织的独立性	Q21
财政因素 (L6)	中央及地方住房预算有关支出	Q22
	地方政府财政收入	Q23
政治因素 (L7)	权力系统的封闭性	Q24
	体制内外对话主体的平等性	Q25
	体制内外对话平台的完备性	Q26
	体制内外对话机制的顺畅性	Q27
利益关系 (L8)	中央—地方利益关系	Q28
	政府—利益集团关系	Q29
	利益集团之间关系	Q30
	领导者个人利益	Q31
个体因素 (L9)	体制内政策方案的倡导者	Q32
	体制外政策方案的倡导者	Q33
	城市一把手	Q34
	群体精神领袖	Q35
	政策决策者	Q36

4.2.3 问卷初测与信度效度检验

在问卷初测阶段,本书选取了甘肃省兰州市两个住房管理部门的工作人员进行了预调研,总共发放问卷120份,回收113份,回收率达到94%,其中有效问卷104份,有效问卷回收率达到86.7%。在问卷填写的过程中,笔者随机与受试者交流,了解其对题项的理解程度、回答意愿,从而为进一步修改和完善问卷做好准备工作。对初测问卷使用统计工具 SPSS 19.0 进行问卷信度与效度的检验。

信度(reliability)即可靠性,它指的是采取同样的方法对同一对象重复进行测量时,其所得结果相一致的程度,从另一个角度来说,信度就是指测量数据的可靠程度。本书对初测问卷的信度检验主要进行了内部一致性分析,内部一致性信度是指用来测量同一个概念的多个计量指标的一致性程度,学术界普遍使用克隆巴赫系数(Cronbach's α)检验量表的内部一致性信度,克隆巴赫系数是一套常用的衡量心理或教育测验可靠性的方法,依一定公式估量测验的内部一致性,它克服部分折半法的缺点,是目前社会研究最常使用的信度指标,它是测量一组同义或平行测"总和"的信度。其公式为:

$$\alpha = (n/n - 1)(1 - \sum S_i / S_t)$$

其中,α 为信度系数;n 为测验题目数;S_i 为每题各被试得分的方差;S_t 为所有被试所得总分的方差。

根据 J. P. Gilford(1954),信度系数应该在 0~1 之间,通常认为,如果 Cronbach's α 值 ≥0.7 时,则被认为高信度;如果 0.35 ≤ Cronbach's α 值 < 0.7 时,则属于信度尚可接受;如果 Cronbach's α 值 < 0.35 时,则被视为低信度。[①]

效度(validity)即有效性,它是指测量工具或手段能够准确测出所需测量事物的程度,它主要衡量所测量到的结果对所想要考察内容的反映程度,测量结果与要考察的内容越吻合,则效度越高;反之,则效度越低。由于本书在构建量表时,采用文献研究法和访谈调查法,对每一个指标的选取和确定都有严格的理论依据和现实考量,对问卷测试题项的全面性和准确性进行了大量的

---

① 转引自:荣泰生. SPSS 与研究方法 [M]. 大连:东北财经大学出版社,2012:288;J. P. Gilford. Psychometric Methods, 2nd [M]. New York, NY: McGraw-Hill, 1954.

访谈调查和专家小组讨论，因此，问卷具有较好的内容效度。本书重点对初测问卷进行了结构效度测量，结构效度是指测量结果体现出来的某种结构与测值之间的对应程度，在社会科学研究领域，结构效度分析常采用因子分析方法。因子分析的主要功能是从量表全部变量（题项）中提取一些公因子，各公因子分别与某一群特定变量高度关联，这些公因子即代表了量表的基本结构。通过因子分析可以考察问卷是否能够测量出研究者设计问卷时假设的某种结构。在因子分析的结果中，用于评价结构效度的主要指标有累积贡献率、共同度和因子负荷。累积贡献率反映公因子对量表或问卷的累积有效程度，共同度反映由公因子解释原变量的有效程度，因子负荷反映原变量与某个公因子的相关程度。通常情况下，常用 KMO 统计检验量和巴特利球形（Bartlett's）球度检验结果来检测变量之间的相关性。KMO 值介于 0~1 之间，当 KMO 值越接近 1，表明变量之间的共同因子越多，越适合进行因子分析；如果 KMO 值小于 0.5，则不宜进行因子分析；进行因子分析的一般准则是：KMO 值至少要在 0.6 以上，一般常用标准见表 4-5[①]。如果巴特利球形球度检验值越大，且相应的显著概率值 $P<0.001$，则表明变量间的相关系数矩阵不是单位矩阵，即该变量适合做因子分析。

表 4-5　　　　　　　　　　　　KMO 评定标准

KMO < 0.5	不能使用
0.5 ≤ KMO < 0.6	不太适合
0.6 ≤ KMO < 0.7	普通
0.7 ≤ KMO < 0.8	还算适合
0.8 ≤ KMO < 0.9	适合
0.9 ≤ KMO	非常适合

资料来源：荣泰生. SPSS 与研究方法 [M]. 大连：东北财经大学出版社，2012：279.

4.2.3.1　住房政策议程内涵的信度效度分析

（1）信度分析。如前所述，本书对住房政策议程构成要素的信度检验主要进行内部一致性分析，先对各个构成要素进行分量表测量，再对构成要素进行总量表测量。测量步骤为：在 SPSS 的工具栏中先后选择"分析""度量""可靠性分析"，确定的置信区间为 95%。

第一，"问题感知"分量表。对问题感知的 5 个测量题项进行检验，结果如表 4-6 所示。

[①] 荣泰生. SPSS 与研究方法 [M]. 大连：东北财经大学出版社，2012：279.

表4-6　　　　　　　　"问题感知"分量表的信度检验

题项	校正的项总计相关性	项已删除的 Cronbach's α 值
Q1	0.887	0.941
Q2	0.928	0.934
Q3	0.818	0.953
Q4	0.874	0.943
Q5	0.861	0.946
Cronbach's α		0.954

根据表4-6可知,"问题感知"分量表的Cronbach's α 系数为0.954,具有很高的信度系数,各个测量题项间校正的项总计相关系数都大于0.8。因此,测量题项对"问题感知"这一潜变量具有比较好的可靠性,这5个测量题项均进入后续的因子分析中。

第二,"方案备选"分量表。对方案备选的2个测量题项进行检验,由于测量题项数目小于3,因此不能进行"项已删除的Cronbach's α 值"检测,只能进行分量表的Cronbach's α 系数检测和校正的项总计相关性检测。结果如表4-7所示。

表4-7　　　　　　　　"方案备选"分量表的信度检验

题项	校正的项总计相关性	项已删除的 Cronbach's α 值
Q6	0.804	0.000
Q7	0.804	0.000
Cronbach's α		0.891

根据表4-7可知,"方案备选"分量表的Cronbach's α 系数为0.891,具有较好的信度系数,各个测量题项间校正的项总计相关系数都大于0.8。因此,测量题项对"方案备选"这一潜变量具有比较好的可靠性,这2个测量题项均进入后续的因子分析中。

第三,"政治动力"分量表。对政治动力的5个测量题项进行检验,结果如表4-8所示。

根据表4-8可知,"政治动力"分量表的Cronbach's α 系数为0.853,具有较好的信度系数,各个测量题项间校正的项总计相关系数都大于0.5。因此,测量题项对"政治动力"这一潜变量具有比较好的可靠性,这5个测量题项均进入后续的因子分析中。

表4-8　　　　　　　"政治动力"分量表的信度检验

题项	校正的项总计相关性	项已删除的Cronbach's α值
Q8	0.592	0.841
Q9	0.748	0.800
Q10	0.738	0.803
Q11	0.596	0.840
Q12	0.656	0.825
Cronbach's α		0.853

第四，住房政策议程内涵的总量表。对住房政策议程构成要素的12个测量题项进行总体检验，结果如表4-9所示。

表4-9　　　　　　　住房政策议程总量表的信度检验

题项	校正的项总计相关性	项已删除的Cronbach's α值
Q1	0.767	0.922
Q2	0.811	0.920
Q3	0.795	0.921
Q4	0.790	0.921
Q5	0.788	0.921
Q6	0.684	0.925
Q7	0.629	0.927
Q8	0.545	0.930
Q9	0.670	0.926
Q10	0.671	0.926
Q11	0.616	0.928
Q12	0.615	0.928
Cronbach's α		0.931

根据表4-9可知，住房政策议程构成要素的Cronbach's α系数为0.931，各个测量题项间校正的项总计相关系数都大于0.5，表明构成要素总量表的各个测量题项都具有比较好的可靠性。将上述分量表和总量表的内部一致性分析结果进行汇总，如表4-10所示。

表4-10　　　　　　住房政策议程量表的信度检验汇总

量表类型	量表名称	题项数目	Cronbach's α系数
分量表	问题感知	5	0.954
分量表	方案备选	2	0.891
分量表	政治动力	5	0.853
总量表	住房政策议程	12	0.931

根据表4-10可知，分量表和总量表的Cronbach's α系数均大于0.8，表明各个概念的量表都具有较高的可靠性。因此，本轮调查数据具有较高的信度，各个题项之间的内部一致性也完全符合要求。

（2）效度分析。本书使用因子分析法对住房政策议程进行分析，根据上述住房政策议程构成要素量表的信度分析结果，这12个测量题项全部进入因子分析。本书使用主成分法提取公因子，使用方差最大法对因素旋转，并以特征值大于1作为因子提取的标准，分析结果如表4-11至表4-13所示。

表4-11　　　　　住房政策议程构成要素的 KMO 和 Bartlett 的检验

KMO 和 Bartlett 的检验			
取样足够度的 Kaiser-Meyer-Olkin 度量			0.886
Bartlett 的球形度检验		近似卡方	1 012.741
		df	66
		Sig.	0.000

表4-12　　　　　住房政策议程构成要素解释的总方差

成分	初始特征值			提取平方和载入			旋转平方和载入		
	合计	方差的百分比（%）	累积百分比（%）	合计	方差的百分比（%）	累积百分比（%）	合计	方差的百分比（%）	累积百分比（%）
1	6.860	57.166	57.166	6.860	57.166	57.166	4.429	36.908	36.908
2	1.423	11.856	69.022	1.423	11.856	69.022	3.854	32.115	69.022
3	0.963	8.025	77.047						
4	0.650	5.418	82.465						
5	0.562	4.684	87.149						
6	0.424	3.531	90.680						
7	0.337	2.806	93.486						
8	0.238	1.987	95.473						
9	0.173	1.443	96.916						
10	0.160	1.330	98.246						
11	0.134	1.117	99.363						
12	0.076	0.637	100.000						

表 4-13　　　　住房政策议程构成要素测量题项旋转成分矩阵

题项	成分	
	1	2
Q2	0.909	0.286
Q1	0.903	0.235
Q4	0.867	0.301
Q5	0.840	0.327
Q3	0.795	0.381
Q9	0.237	0.807
Q10	0.251	0.795
Q12	0.252	0.719
Q8	0.170	0.706
Q11	0.306	0.659
Q6	0.472	0.570
Q7	0.407	0.563

由表 4-11 可知，住房政策议程构成要素取样足够度的 KMO 度量值为 0.886，大于下限值 0.8，球度检验 Bartlett's 的显著性小于 0.001，表明测量变量数据可以进入后续分析。

根据表 4-12 可知，住房政策议程构成要素可以提取 2 个公因子，第一个公因子可以解释 57.166% 的总方差，第二个公因子可以解释 11.856% 的总方差，这 2 个公因子累计方差解释量为 69.022%。根据这 2 个提取的公因子，对测量题项使用方差最大法对因素旋转，公因子与测量题项之间的关系如表 4-13 所示。

根据表 4-13 可知，以因子载荷量大于 0.5 为标准进行选取题项时，公因子 1 包括了题项 Q1、Q2、Q3、Q4、Q5，这五个测量题项的因子载荷量均大于 0.7，且恰好是"问题感知"这一潜变量的测量题项，与理论构建相符；公因子 2 包括了题项 Q6、Q7、Q8、Q9、Q10、Q11、Q12，而这是"方案备选"和"政治动力"两个潜变量的测量题项，其中 Q6、Q7 的因子载荷量为 0.5~0.6，Q8、Q9、Q10、Q11、Q12 的因子载荷量均大于 0.6，这个数据结果对本书的理论建构解释得较为模糊。

因此，本书中将因子分析中的提取标准由"基于特征值"转换为"因子的固定数量"，并将要提取的因子数目设定为"3"。于是，住房政策议程构成要素的主成分提取和测量题项旋转成分矩阵如表 4-14 和表 4-15 所示。

表4-14 提取标准调整后住房政策议程构成要素解释的总方差

成分	初始特征值			提取平方和载入			旋转平方和载入		
	合计	方差的百分比（%）	累积百分比（%）	合计	方差的百分比（%）	累积百分比（%）	合计	方差的百分比（%）	累积百分比（%）
1	6.860	57.166	57.166	6.860	57.166	57.166	4.085	34.042	34.042
2	1.423	11.856	69.022	1.423	11.856	69.022	3.220	26.832	60.875
3	0.963	8.025	77.047	0.963	8.025	77.047	1.941	16.172	77.047
4	0.650	5.418	82.465						
5	0.562	4.684	87.149						
6	0.424	3.531	90.680						
7	0.337	2.806	93.486						
8	0.238	1.987	95.473						
9	0.173	1.443	96.916						
10	0.160	1.330	98.246						
11	0.134	1.117	99.363						
12	0.076	0.637	100.000						

表4-15 提取标准调整后住房政策议程构成要素测量题项旋转成分矩阵

题项	成分		
	1	2	3
Q2	0.905	0.272	0.179
Q1	0.894	0.214	0.186
Q4	0.860	0.283	0.190
Q5	0.831	0.304	0.203
Q3	0.758	0.306	0.332
Q9	0.240	0.807	0.186
Q10	0.257	0.801	0.168
Q12	0.268	0.744	0.109
Q8	0.168	0.698	0.176
Q11	0.274	0.594	0.316
Q7	0.243	0.252	0.891
Q6	0.324	0.289	0.828

根据表4-14可知，住房政策议程构成要素可以提取的3个公因子中，第一个公因子可以解释57.166%的总方差，第二个公因子可以解释11.856%的总方差，第三个公因子可以解释8.025%的总方差，这3个公因子累计方差解

释量为 77.047%。对测量题项使用方差最大法对因素旋转,主成分与测量题项之间的关系见表 4-15。

根据表 4-15 可知,以因子载荷量大于 0.5 为标准进行选取题项时,公因子 1 包括了题项 Q1、Q2、Q3、Q4、Q5,这 5 个测量题项的因子载荷量均大于 0.7,是"问题感知"这一潜变量的测量题项,与理论构建相符;公因子 2 包括了题项 Q8、Q9、Q10、Q11、Q12,这 5 个测量题项的因子载荷量均大于 0.5,是"政治动力"这一潜变量的测量题项,与理论构建相符;公因子 3 包括了题项 Q6、Q7,这两个测量题项的因子载荷量均大于 0.8,是"方案备选"这一潜变量的测量题项,与理论构建相符。

综上所述,提取标准调整后,所提取的 3 个公因子累计方差解释量更大,主成分与相关变量的关联度完全符合本书的理论建构。

4.2.3.2 住房政策议程影响因素的信度效度分析

(1) 信度分析。本书对住房政策议程影响因素的信度检验也是进行内部一致性分析,先对各类影响因素进行分量表测量,再对影响因素进行总量表测量。测量步骤同上。

第一,"主体因素"分量表。对主体因素的 6 个测量题项进行检验,结果如表 4-16 所示。

表 4-16　　　　　　　"主体因素"分量表的信度检验

题项	校正的项总计相关性	项已删除的 Cronbach's α 值
Q13	0.689	0.850
Q14	0.756	0.838
Q15	0.543	0.873
Q16	0.661	0.855
Q17	0.742	0.840
Q18	0.664	0.854
Cronbach's α		0.873

根据表 4-16 可知,"主体因素"分量表的 Cronbach's α 系数为 0.873,具有较好的信度系数,各个测量题项间校正的项总计相关系数都大于 0.5。因此,测量题项对"政治动力"这一潜变量具有比较好的可靠性,这 5 个测量题项均进入后续的因子分析中。

第二,"社会因素"分量表。对社会因素的 3 个测量题项进行检验,结果如表 4-17 所示。

表 4-17　　　　　　　　"社会因素"分量表的信度检验

题项	校正的项总计相关性	项已删除的 Cronbach's α 值
Q19	0.644	0.763
Q20	0.649	0.756
Q21	0.696	0.709
Cronbach's α		0.812

根据表 4-17 可知,"社会因素"分量表的 Cronbach's α 系数为 0.812, 具有较好的信度系数, 各个测量题项间校正的项总计相关系数都大于 0.5。因此, 测量题项对"社会因素"这一潜变量具有比较好的可靠性, 这 3 个测量题项均进入后续的因子分析中。

第三,"财政因素"分量表。对财政因素的 2 个测量题项进行检验, 由于测量题项数目小于 3, 因此不能进行"项已删除的 Cronbach's α 值"检测, 只能进行分量表的 Cronbach's α 系数检测和校正的项总计相关性检测。结果如表 4-18 所示。

表 4-18　　　　　　　　"财政因素"分量表的信度检验

题项	校正的项总计相关性	项已删除的 Cronbach's α 值
Q22	0.531	0.000
Q23	0.531	0.000
Cronbach's α		0.694

根据表 4-18 可知,"财政因素"分量表的 Cronbach's α 系数为 0.694, 尽管信度系数不高但仍可接受, 各个测量题项间校正的项总计相关系数都大于 0.5。因此, 测量题项对"财政因素"这一潜变量具有可靠性, 这 2 个测量题项均进入后续的因子分析中。

第四,"政治因素"分量表。对政治因素的 4 个测量题项进行检验, 结果如表 4-19 所示。

表 4-19　　　　　　　　"政治因素"分量表的信度检验

题项	校正的项总计相关性	项已删除的 Cronbach's α 值
Q24	0.624	0.793
Q25	0.687	0.764
Q26	0.660	0.776
Q27	0.634	0.789
Cronbach's α		0.826

根据表 4-19 可知,"政治因素"分量表的 Cronbach's α 系数为 0.826,具有较好的信度系数,各个测量题项间校正的项总计相关系数都大于 0.5。因此,测量题项对"社会因素"这一潜变量具有比较好的可靠性,这 4 个测量题项均进入后续的因子分析中。

第五,"利益关系"分量表。对利益关系的 4 个测量题项进行检验,结果如表 4-20 所示。

表 4-20 "利益关系"分量表的信度检验

题项	校正的项总计相关性	项已删除的 Cronbach's α 值
Q28	0.824	0.864
Q29	0.765	0.886
Q30	0.745	0.893
Q31	0.816	0.867
Cronbach's α		0.906

根据表 4-20 可知,"利益关系"分量表的 Cronbach's α 系数为 0.906,具有很好的信度系数,各个测量题项间校正的项总计相关系数都大于 0.5。因此,测量题项对"利益关系"这一潜变量具有比较好的可靠性,这 4 个测量题项均进入后续的因子分析中。

第六,"个体因素"分量表。对个体因素的 5 个测量题项进行检验,结果如表 4-21 所示。

表 4-21 "个体因素"分量表的信度检验

题项	校正的项总计相关性	项已删除的 Cronbach's α 值
Q32	0.753	0.891
Q33	0.745	0.893
Q34	0.745	0.893
Q35	0.825	0.876
Q36	0.776	0.886
Cronbach's α		0.908

根据表 4-21 可知,"个体因素"分量表的 Cronbach's α 系数为 0.908,具有很好的信度系数,各个测量题项间校正的项总计相关系数都大于 0.5。因此,测量题项对"个体因素"这一潜变量具有比较好的可靠性,这 4 个测量

题项均进入后续的因子分析中。

第七，影响因素总量表。对住房政策议程影响因素的 24 个测量题项进行总体检验，结果如表 4-22 所示。

表 4-22　　　　　　　　　影响因素总量表的信度检验

题项	校正的项总计相关性	项已删除的 Cronbach's α 值
Q13	0.593	0.933
Q14	0.680	0.931
Q15	0.503	0.934
Q16	0.591	0.933
Q17	0.662	0.932
Q18	0.572	0.933
Q19	0.522	0.934
Q20	0.550	0.933
Q21	0.541	0.934
Q22	0.453	0.935
Q23	0.515	0.934
Q24	0.480	0.934
Q25	0.582	0.933
Q26	0.640	0.932
Q27	0.535	0.934
Q28	0.672	0.932
Q29	0.620	0.932
Q30	0.584	0.933
Q31	0.688	0.931
Q32	0.657	0.932
Q33	0.662	0.932
Q34	0.596	0.933
Q35	0.679	0.931
Q36	0.628	0.932
Cronbach's α		0.935

根据表 4-22 可知，住房政策议程构成要素的 Cronbach's α 系数为 0.935，各个测量题项间校正的项总计相关系数除 Q22 和 Q24 之外都大于 0.5，其中 Q22 的相关系数为 0.453，Q24 的相关系数为 0.480，由于它们在各自的分量表中都满足要求，因此，这 2 个题项仍在可接受范围之内。将上述分量表和总量表的内部一致性分析结果进行汇总，如表 4-23 所示。

表4-23　　　　　　　　影响因素量表的信度检验汇总

量表类型	量表名称	题项数目	Cronbach's α 系数
分量表	主体因素	6	0.873
分量表	社会因素	3	0.812
分量表	财政因素	2	0.694
分量表	政治因素	4	0.826
分量表	利益关系	4	0.906
分量表	个体因素	5	0.908
总量表	住房政策议程影响因素	24	0.935

根据表4-23可知，分量表和总量表的 Cronbach's α 系数均大于0.7，表明各个概念的量表都具有可靠性。因此，本轮调查数据具有较高的信度，各个题项之间的内部一致性也完全符合要求。

（2）效度分析。本书使用因子分析法对住房政策议程的影响因素进行分析，根据上述住房政策议程影响因素量表的信度分析结果，这24个测量题项全部进入因子分析。本书使用主成分法提取公因子，使用方差最大法对因素旋转，并以特征值大于1作为因子提取的标准，分析结果如表4-24至表4-25所示。

表4-24　　　　　住房政策议程影响因素的 KMO 和 Bartlett 的检验

KMO 和 Bartlett 的检验		
取样足够度的 Kaiser-Meyer-Olkin 度量		0.872
Bartlett 的球形度检验	近似卡方	1 565.985
	df	276
	Sig.	0.000

表4-25　　　　　　住房政策议程影响因素解释的总方差

成分	初始特征值			提取平方和载入			旋转平方和载入		
	合计	方差的百分比（%）	累积百分比（%）	合计	方差的百分比（%）	累积百分比（%）	合计	方差的百分比（%）	累积百分比（%）
1	9.731	40.547	40.547	9.731	40.547	40.547	3.866	16.106	16.106
2	2.107	8.778	49.325	2.107	8.778	49.325	3.697	15.405	31.511
3	1.739	7.244	56.569	1.739	7.244	56.569	3.119	12.996	44.508
4	1.611	6.713	63.282	1.611	6.713	63.282	2.713	11.305	55.813
5	1.092	4.551	67.833	1.092	4.551	67.833	2.319	9.662	65.475

续表

成分	初始特征值			提取平方和载入			旋转平方和载入		
	合计	方差的百分比（%）	累积百分比（%）	合计	方差的百分比（%）	累积百分比（%）	合计	方差的百分比（%）	累积百分比（%）
6	1.072	4.468	72.301	1.072	4.468	72.301	1.638	6.826	72.301
7	0.801	3.336	75.637						
8	0.698	2.909	78.546						
9	0.645	2.687	81.233						
10	0.629	2.619	83.852						
11	0.500	2.085	85.937						
12	0.451	1.879	87.816						
13	0.413	1.721	89.538						
14	0.379	1.581	91.118						
15	0.339	1.411	92.529						
16	0.309	1.289	93.818						
17	0.259	1.080	94.898						
18	0.247	1.029	95.927						
19	0.211	0.879	96.806						
20	0.182	0.759	97.565						
21	0.172	0.718	98.283						
22	0.161	0.669	98.952						
23	0.141	0.586	99.538						
24	0.111	0.462	100.000						

由表4-25可知，住房政策议程影响因素取样足够度的KMO度量值为0.872，大于下限值0.8，球度检验Bartlett's的显著性小于0.001，表明测量变量数据可以进入后续分析。

根据表4-25可知，住房政策议程构成要素可以提取6个公因子，第一个公因子可以解释40.547%的总方差，第二个公因子可以解释8.778%的总方差，第三个公因子可以解释7.244%的总方差，第四个公因子可以解释6.713%的总方差，第五个公因子可以解释4.551%的总方差，第六个公因子可以解释4.468%的总方差，这6个公因子累计方差解释量为72.301%。根据这 6 个提取的公因子，对测量题项使用方差最大法对因素旋转，主成分与测量题项之间的关系如表 4-26 所示。

表 4-26　　住房政策议程影响因素测量题项旋转成分矩阵

题项	成分					
	1	2	3	4	5	6
Q35	0.812	0.192	0.109	0.160	0.243	0.107
Q36	0.810	0.184	0.202	0.098	0.088	0.074
Q34	0.800	0.061	0.135	0.149	0.080	0.264
Q32	0.762	0.229	0.176	0.170	0.177	0.006
Q33	0.727	0.231	0.192	0.134	0.205	0.084
Q13	0.163	0.766	0.201	0.157	0.083	-0.011
Q18	0.225	0.748	0.057	0.079	0.152	0.090
Q14	0.093	0.727	0.301	0.203	0.137	0.229
Q17	0.154	0.720	0.205	0.247	0.159	0.127
Q16	0.152	0.697	0.167	0.210	0.067	0.145
Q15	0.198	0.531	0.209	-0.184	0.411	0.116
Q28	0.193	0.211	0.820	0.208	0.175	0.090
Q29	0.276	0.158	0.813	0.085	0.135	0.088
Q31	0.136	0.313	0.762	0.278	0.068	0.190
Q30	0.209	0.293	0.735	0.161	-0.156	0.220
Q24	0.144	0.150	0.070	0.773	0.088	0.085
Q27	0.055	0.204	0.232	0.740	0.105	0.121
Q25	0.200	0.196	0.173	0.732	0.211	-0.001
Q26	0.411	0.080	0.203	0.633	0.265	0.071
Q21	0.212	0.214	-0.029	0.181	0.807	0.179
Q20	0.288	0.060	0.264	0.222	0.735	-0.095
Q19	0.161	0.264	-0.016	0.240	0.709	0.134
Q22	0.123	0.144	0.239	0.059	0.121	0.805
Q23	0.226	0.234	0.137	0.142	0.072	0.774

根据表 4-26 可知，以因子载荷量大于 0.5 为标准进行选取题项时，公因子 1 包括了题项 Q32、Q33、Q34、Q35、Q36，这 5 个测量题项的因子载荷量均大于 0.7，是"个体因素"这一潜变量的测量题项，与理论构建相符；公因子 2 包括了题项 Q13、Q14、Q15、Q16、Q17、Q18，这 6 个测量题项的因子载

荷量均大于0.5，是"主体因素"这一潜变量的测量题项，与理论构建相符；公因子3包括了题项Q28、Q29、Q30、Q31，这4个测量题项的因子载荷量均大于0.7，是"利益关系"这一潜变量的测量题项，与理论构建相符；公因子4包括了题项Q24、Q25、Q26、Q27，这4个测量题项的因子载荷量均大于0.6，是"政治因素"这一潜变量的测量题项，与理论构建相符；公因子5包括了题项Q19、Q20、Q21，这3个测量题项的因子载荷量均大于0.7，是"社会因素"这一潜变量的测量题项，与理论构建相符；公因子6包括了题项Q22、Q23，这2个测量题项的因子载荷量均大于0.7，是"财政因素"这一潜变量的测量题项，与理论构建相符。

综上所述，根据因子分析法所提取的6个主成分与相关变量的关联度完全符合本书的理论建构。

4.3 数据收集

4.3.1 样本选择

由于我国的政治体制环境和中央政府对房地产业发展的重视程度，各级地方政府在住房政策议程方面所面临的决策管理体制、融资环境、税费制度等背景环境因素相同，同时地方政府的住房政策目标也具有很大的相似性，都是以追求供需市场稳定、经济发展平衡、居民住房条件改善等为主要目标，因而地方政府样本选择的差异性并不显著。而目前我国的住房政策议程研究尚缺乏实证支持，故本书采取了便利性抽样的方法，以甘肃省为代表，选取了人口超过200万人的兰州市、天水市和庆阳市、人口处于100万~200万人的白银市、酒泉市和武威市作为本书研究的样本地区，以住房管理与服务的相关政府部门工作人员为调查对象，具体包括：市、县政府部门，建设规划等城建部门，税务部门，金融部门、国土发改等其他政府部门。

4.3.2 抽样描述

本书研究总共发放问卷450份，回收412份，剔除答案选项空缺较多以及答案高度一致性等无效问卷，共计回收 378 份有效问卷，有效回收率达到 84%。调查问卷的样本特征信息如表 4-27 所示。

表 4-27　　　　　　　　　　调查问卷样本特征信息

项目	分类	人数（人）	比例（%）
性别	男	204	54.0
	女	174	46.0
年龄	25 岁以下	69	18.3
	25～30 岁	87	23.0
	31～40 岁	144	38.1
	41～50 岁	73	19.3
	51 岁以上	5	1.3
学历	大专及以下	195	51.6
	本科	163	43.1
	硕士研究生及以上	20	5.3
职务	科级以下	184	48.7
	科级	129	34.1
	处级	56	14.8
	地厅局级及以上	9	2.4
工作背景	市、县政府部门	105	27.8
	建设规划部门	89	23.5
	税务部门	55	14.6
	金融部门	67	17.7
	其他政府部门	62	16.4

从表 4-27 中的特征信息分布来看，此次调查对象在性别、年龄、工作背景方面呈均衡分布，在学历方面以硕士研究生以下学历为主，在职务方面以科级及以下工作人员为主，这符合地级市政府住房政策议程中工作人员的样貌特征，因此，本次调研的样本数据具有较好的代表性。

4.3.3　检验方法

本书主要运用了结构方程模型进行了数据的分析和假设的验证。结构方程模型（structural equation modeling，SEM）是整合了因子分析（factor analysis）、路径分析（path analysis）和多重线性回归分析的综合统计方法，它包括结构模型（structural model）和测量模型（measurement model）两个部分。结构模型反映潜变量（latent variables）之间的结构关系，测量模型描述潜变量与观测变量（observed variables）之间的关系，观测变量又含有随机误差和系统误差，前者反映了测量上的不准确性行为，后者反映指标同时测量潜变量以外的特性。结构方程模型本质上属于一种验证性分析方法，通常必须有理论或经验法则支持，由理论来引导，在理论导引的前提下才能建构假设模型图，即使是模型的修正，也必须依据相关理论而来，它特别强调理论的合理性。相较于传统的统计方法，结构方程模型是一种可以将测量与分析整合为一的计量研究技术，它可以同时估计模型中的测量指标、潜在变量，不仅可以估计测量过程中指标变量的测量误差，也可以评估测量的信度与效度。根据吴明隆（2010）[①]，一个完整结构方程模型的分析历程如图4-1所示。

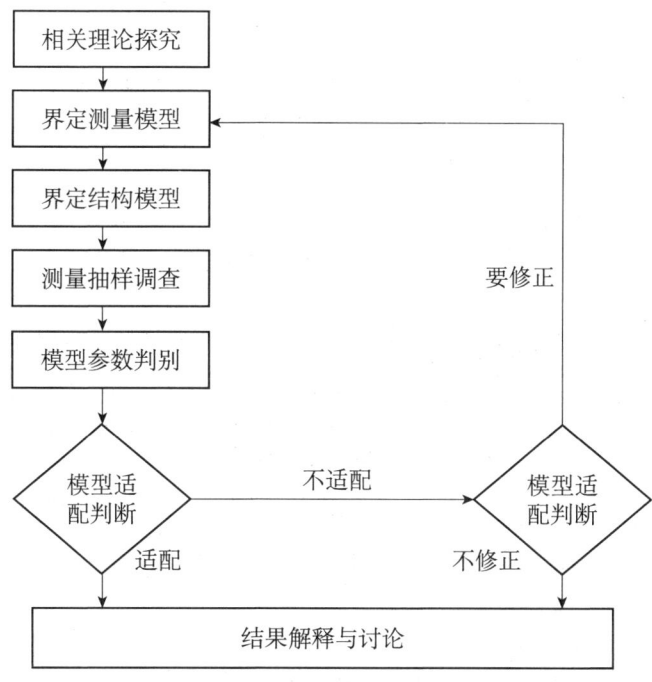

图4-1 结构方程模型分析的基本程序

---

① 吴明隆著. 结构方程模型——AMOS的操作与应用（第2版）[M]. 重庆：重庆大学出版社，2010：30.

第 5 章

假设检验

本章主要就样本地区所收集的 378 份有效问卷的数据进行假设检验,主要步骤包括:首先,基于正式调查的数据信息为全新数据,因此需要对样本数据的可靠性进行信度检验;其次,对地方政府住房政策议程的结构方程模型通过参数估计和拟合度检验进行理论假设验证。

5.1 地方政府住房政策议程的测量模型

根据第 3 章的概念模型构建,地方政府住房政策议程的测量模型包括三个潜变量和十二个观测变量,其问卷设计如表 5-1。验证步骤包括:首先,对住房政策议程的数据信息进行信度分析;其次,对住房政策议程的测量模型进行参数估计和拟合评估。

表 5-1　　　　　　　　住房政策议程的问卷设计内容

潜变量	度量指标	编号
问题感知 (L1)	经济发展与社会管理指标	Q1
	焦点事件	Q2
	反馈	Q3
	内参	Q4
	新闻	Q5
方案备选 (L2)	技术可行性	Q6
	价值可接受性	Q7

续表

潜变量	度量指标	编号
政治动力 （L3）	核心领导层意志	Q8
	关键部门人员调整	Q9
	国民情绪	Q10
	体制内部门和组织	Q11
	体制外团体和组织	Q12

5.1.1 信度检验

鉴于第4章在问卷初测中已经对量表进行了分量表和总量表的信度检测，本章主要是对此次数据质量进行测量，因而将总量表作为分析单位。信度检测依旧采用内部一致性系数 Cronbach's α 来反映，结果如表 5-2 所示。

表 5-2　　　　　住房政策议程样本数据的信度检验

题项	校正的项总计相关性	项已删除的 Cronbach's α 值
Q1	0.829	0.951
Q2	0.839	0.951
Q3	0.822	0.951
Q4	0.807	0.952
Q5	0.842	0.951
Q6	0.765	0.953
Q7	0.760	0.953
Q8	0.745	0.954
Q9	0.731	0.954
Q10	0.753	0.953
Q11	0.743	0.954
Q12	0.768	0.953
Cronbach's α		0.956

根据表 5-2 可知，住房政策议程样本数据量表的 Cronbach's α 值为 0.956，具有很高的信度系数，各个测量题项间校正的项总计相关系数都大于 0.7，具有可靠的内部一致性。

5.1.2 住房政策议程测量模型的验证性分析

本书根据调查数据而进行的实证分析构建了地方政府住房政策议程的结构

方程示意图,见图 5-1。其中,$q_1 \sim q_{12}$ 表示结构方程的观测变量,$L_1 \sim L_3$ 代表结构方程的潜变量,$\varepsilon_1 \sim \varepsilon_{12}$ 表示结构方程的测量误差。

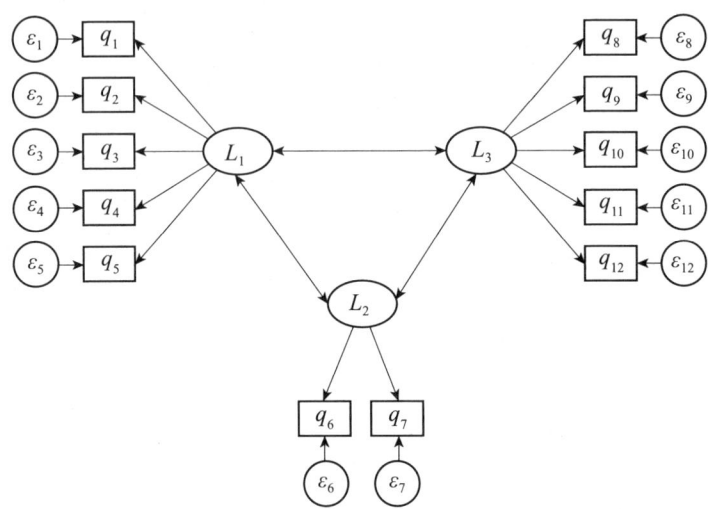

图 5-1 住房政策议程结构方程

结构方程式为:

$$q_i = \alpha_i + L_i \times \beta_i + \varepsilon_i$$

其中,α_i 和 β_i 是被估计的参数。

本书采用极大似然估计的方法,其测量模型的参数估计和拟合度检验结果如表 5-3、表 5-4 所示。

表 5-3　　　　住房政策议程测量模型参数估计

潜变量	变量	参数	系数	标准差	Z	P	置信区间(95%)	
							下限	上限
L_1	q_1	α	3.290 667	0.034 078 8	96.56	0.000	3.223 873	3.357 46
		β	—	—	—	—	—	—
	q_2	α	3.344	0.033 585 6	99.57	0.000	3.278 173	3.409 827
		β	1.012 338	0.035 293 5	28.68	0.000	0.943 163 6	1.081 512
	q_3	α	3.333 333	0.032 804 7	101.61	0.000	3.269 037	3.397 629
		β	0.973 951 5	0.035 223 6	27.65	0.000	0.904 914 5	1.042 989
	q_4	α	3.325 333	0.032 910 3	101.04	0.000	3.260 83	3.389 836
		β	0.936 486 3	0.037 434 5	25.02	0.000	0.863 116 1	1.009 856
	q_5	α	3.317 333	0.033 438 5	99.21	0.000	3.251 795	3.382 872
		β	1.003 299	0.035 329 1	28.40	0.000	0.934 054 9	1.072 542

续表

潜变量	变量	参数	系数	标准差	Z	P	置信区间（95%）	
							下限	上限
L_2	q_6	α	3.330 667	0.033 413	99.68	0.000	3.265 178	3.396 155
		β	—	—	—	—	—	—
	q_7	α	3.346 667	0.033 406 1	100.18	0.000	3.281 192	3.412 142
		β	0.991 371 7	0.042 241 2	23.47	0.000	0.908 580 4	1.074 163
L_3	q_8	α	3.154 667	0.030 987 2	101.81	0.000	3.093 933	3.215 401
		β	—	—	—	—	—	—
	q_9	α	3.136	0.031 784 2	98.67	0.000	3.073 704	3.198 296
		β	1.015 607	0.059 293 2	17.13	0.000	0.899 394 5	1.131 82
	q_{10}	α	3.170 667	0.032 119 5	98.71	0.000	3.107 714	3.233 62
		β	1.063 767	0.059 065 8	18.01	0.000	0.948 000 3	1.179 534
	q_{11}	α	3.136	0.031 784 2	98.67	0.000	3.073 704	3.198 296
		β	1.047 826	0.058 363 3	17.95	0.000	0.933 436 2	1.162 216
	q_{12}	α	3.149 333	0.032 620 4	96.55	0.000	3.085 399	3.213 268
		β	1.102 177	0.059 081	18.66	0.000	0.986 380 2	1.217 974

表 5-4　　　　　　　　　　住房政策议程测量模型拟合度检验

指数	检验值
χ^2_{ms}	67.628
P_{ms}	0.059
χ^2_{bs}	4 277.193
P_{bs}	0.000
$RMSEA$（90%，CI）	0.029Cl（0.000，0.047）
CFI	0.996
TLI	0.995
$SRMR$	0.014
CD	0.998

由以上方程式的估计结果可知被估计参数的系数在 5% 显著性水平的条件下，潜变量对观测变量的影响都是显著的。从尤度比检验结果来看，在 5% 显著性水平的条件下，χ^2_{bs} 明显地拒绝了零假说，虽然 χ^2_{ms} 的伴随概率没有拒绝零假说，但是只是比要求的大了 0.9%，所以也在可以接受的范围内，总体来说，模型的拟合度非常好。RMSEA 作为乖离程度的测量指标即非拟合指标，如果等于零则为完全不乖离，Browne 和 Cudeck（1993）指出，其值越小越好，期望值是小于 5%，本次测量的 RMSEA 值为 0.029，完全符合要求；CFI 和 TLI 是比较拟合指数，介于 0~1 之间，Bantler（1990）的论文指出，其值大

于 0.9 则拟合程度较好，本次测量的 CFI 值为 0.996，TLI 值为 0.995，拟合程度非常好；SRMR 是衡量模型拟合程度的指数，Hancock 和 Mueller（2006）指出，其值如果小于 0.1，则认为模型的拟合度较好，本次测量的 SRMR 值为 0.014，小于 0.1，完全符合要求；CD 是衡量整个模型的拟合程度指数，其值越接近 1，模型的拟合程度越好，本次测量的 CD 值为 0.998，非常接近 1，拟合程度很好。基于以上各指数值的大小，整个测量模型是正确的。

5.2　地方政府住房政策议程影响因素的测量模型

根据第 3 章的概念模型构建，地方政府住房政策议程影响因素的测量模型包括六个潜变量和二十四个观测变量，其问卷设计如表 5-5 所示，验证步骤同上。

表 5-5　　　　　　住房政策议程影响因素问卷设计内容

潜变量	度量指标	编号及代码
主体因素（L4）	政府	Q13
	经济型利益集团	Q14
	非经济型利益集团	Q15
	专家学者	Q16
	媒体	Q17
	公众	Q18
社会因素（L5）	社会价值观	Q19
	社会自组织的合法性	Q20
	社会自组织的独立性	Q21
财政因素（L6）	中央及地方住房预算有关支出	Q22
	地方政府财政收入	Q23
政治因素（L7）	权力系统的封闭性	Q24
	体制内外对话主体的平等性	Q25
	体制内外对话平台的完备性	Q26
	体制内外对话机制的顺畅性	Q27
利益关系（L8）	中央—地方利益关系	Q28
	政府—利益集团关系	Q29
	利益集团之间关系	Q30
	领导者个人利益	Q31

续表

潜变量	度量指标	编号及代码
个体因素 （L9）	体制内政策方案的倡导者	Q32
	体制外政策方案的倡导者	Q33
	城市一把手	Q34
	群体精神领袖	Q35
	政策决策者	Q36

5.2.1 信度检验

根据样本数据，住房政策议程影响因素的信度检验结果如表 5-6 所示。

表 5-6　　　　　　样本数据中影响因素信度检验

变量	校正的项总计相关性	项已删除的 Cronbach's α 值
Q13	0.685	0.964
Q14	0.715	0.964
Q15	0.726	0.964
Q16	0.719	0.964
Q17	0.716	0.964
Q18	0.708	0.964
Q19	0.689	0.964
Q20	0.625	0.965
Q21	0.649	0.964
Q22	0.691	0.964
Q23	0.671	0.964
Q24	0.692	0.964
Q25	0.739	0.964
Q26	0.711	0.964
Q27	0.685	0.964
Q28	0.784	0.963
Q29	0.782	0.963
Q30	0.757	0.963
Q31	0.763	0.963
Q32	0.753	0.964
Q33	0.762	0.963
Q34	0.728	0.964
Q35	0.758	0.963
Q36	0.745	0.964
Cronbach's α		0.965

根据表 5-6 可知，样本数据构成要素量表的 Cronbach's α 值为 0.965，具有很高的信度系数，各个测量题项间校正的项总计相关系数都大于 0.6，具有较好的内部一致性。

5.2.2 影响因素测量模型的验证性分析

本书通过实证分析构建了地方政府住房政策议程影响因素的结构方程示意图，见图 5-2。其中，$q_{13} \sim q_{36}$ 表示结构方程的观测变量，$L_4 \sim L_9$ 代表结构方程的潜变量，$\varepsilon_1 \sim \varepsilon_{24}$ 表示结构方程的测量误差。

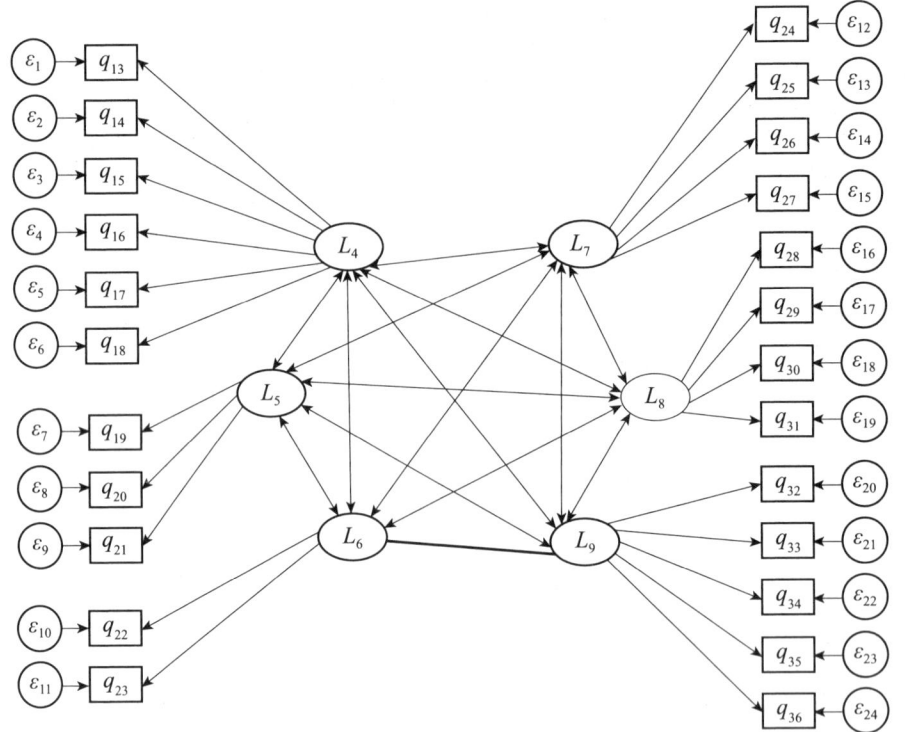

图 5-2 影响因素结构方程

结构方程式为：

$$q_i = \alpha_i + L_i \times \beta_i + \varepsilon_i$$

其中，α_i 和 β_i 是被估计的参数。

本书采用极大似然估计的方法，其测量模型的参数估计和拟合度检验结果如表 5-7 和表 5-8 所示。

表 5-7　　影响因素测量模型参数估计

潜变量	变量	参数	系数	标准差	Z	P	置信区间（95%）	
							下限	上限
L_4	q_{13}	α	3.357 333	0.028 735 4	116.84	0.000	3.301 013	3.413 654
		β	—	—	—	—	—	—
	q_{14}	α	3.378 667	0.028 995 6	116.52	0.000	3.321 836	3.435 497
		β	1.044 556	0.062 386	16.74	0.000	0.922 282 1	1.166 831
	q_{15}	α	3.394 667	0.028 420 9	119.44	0.000	3.338 963	3.450 371
		β	0.996 452	0.061 939	16.09	0.000	0.875 053 9	1.117 85
	q_{16}	α	3.4	0.027 968 2	121.57	0.000	3.345 183	3.454 817
		β	0.998 859 7	0.060 793	16.43	0.000	0.879 707 7	1.118 012
	q_{17}	α	3.389 333	0.027 604 5	122.78	0.000	3.335 23	3.443 437
		β	1.005 445	0.059 301 5	16.95	0.000	0.889 215 9	1.121 674
	q_{18}	α	3.394 667	0.028 169 6	120.51	0.000	3.339 455	3.449 878
		β	0.988 226	0.061 100 3	16.17	0.000	0.868 471 6	1.107 98
L_5	q_{19}	α	3.378 667	0.028 749 3	117.52	0.000	3.322 319	3.435 014
		β	—	—	—	—	—	—
	q_{20}	α	3.36	0.027 764 1	121.02	0.000	3.305 583	3.414 417
		β	0.872 906 2	0.063 394 1	13.77	0.000	0.748 656	0.997 156 4
	q_{21}	α	3.378 667	0.028 500 8	118.55	0.000	3.322 806	3.434 527
		β	0.942 041 8	0.064 363 5	14.64	0.000	0.815 891 7	1.068 192
L_6	q_{22}	α	3.405 333	0.029 015 2	117.36	0.000	3.348 465	3.462 202
		β	—	—	—	—	—	—
	q_{23}	α	3.384	0.028 807 9	117.47	0.000	3.327 538	3.440 462
		β	0.971 874 8	0.069 959	13.89	0.000	0.834 757 7	1.108 992
L_7	q_{24}	α	3.418 667	0.029 122 8	117.39	0.000	3.361 587	3.475 746
		β	—	—	—	—	—	—
	q_{25}	α	3.410 667	0.028 814 5	118.37	0.000	3.354 191	3.467 142
		β	1.039 585	0.057 492 3	18.08	0.000	0.926 902	1.152 268
	q_{26}	α	3.402 667	0.029 478 1	115.43	0.000	3.344 891	3.460 443
		β	1.007 892	0.059 834 5	16.84	0.000	0.890 618 3	1.125 165
	q_{27}	α	3.413 333	0.027 832 3	122.64	0.000	3.358 783	3.467 884
		β	0.911 285 5	0.057 376 9	15.88	0.000	0.798 828 8	1.023 742

续表

潜变量	变量	参数	系数	标准差	Z	P	置信区间（95%）	
							下限	上限
L_8	q_{28}	α	3.482 667	0.030 362 2	114.70	0.000	3.423 158	3.542 176
		β	—	—	—	—	—	—
	q_{29}	α	3.488	0.030 134	115.75	0.000	3.428 938	3.547 062
		β	1.000 256	0.040 397 3	24.76	0.000	0.921 078 5	1.079 433
	q_{30}	α	3.464	0.030 318 5	114.25	0.000	3.404 577	3.523 423
		β	0.977 297 7	0.041 695 9	23.44	0.000	0.895 575 3	1.059 02
	q_{31}	α	3.466 667	0.029 854	116.12	0.000	3.408 154	3.525 179
		β	0.965 335 9	0.041 203 7	23.43	0.000	0.884 578 1	1.046 094
L_9	q_{32}	α	3.488	0.030 602 4	113.98	0.000	3.428 02	3.547 98
		β	—	—	—	—	—	—
	q_{33}	α	3.464	0.030 784	112.53	0.000	3.403 664	3.524 336
		β	0.988 228 4	0.045 527 4	21.71	0.000	0.898 996 4	1.077 46
	q_{34}	α	3.456	0.030 054 6	114.99	0.000	3.397 094	3.514 906
		β	0.942 510 3	0.044 970 6	20.96	0.000	0.854 369 6	1.030 651
	q_{35}	α	3.464	0.030 318 5	114.25	0.000	3.404 577	3.523 423
		β	0.959 773 7	0.045 461 7	21.11	0.000	0.870 670 4	1.048 877
	q_{36}	α	3.469 333	0.030 799 4	112.64	0.000	3.408 968	3.529 699
		β	0.980 917 3	0.046 069 7	21.29	0.000	0.890 622 3	1.071 212

表 5-8　　　　　　　　　影响因素测量模型拟合度检验

指数	检验值
χ^2_{ms}	349.477
P_{ms}	0.000
χ^2_{bs}	7 077.902
P_{bs}	0.000
RMSEA（90%，CI）	0.036 CI（0.027，0.043）
CFI	0.983
TLI	0.981
SRMR	0.024
CD	1.000

由以上方程式的估计结果可知，被估计参数的系数在5%显著性水平的条件下，潜变量对观测变量的影响都是显著的。从尤度比检验来看，在5%显著性水平的条件下，χ^2_{bs}、χ^2_{ms}都明显地拒绝了零假说，总体来说，模型的拟合度

非常好。在本次测量中,RMSEA 值为 0.036,小于 0.05,结果符合要求;CFI 和 TLI 的值分别为 0.983 和 0.981,其值大于 0.9,结果符合要求;SRMR 值为 0.024,其值小于 0.1,结果符合要求;CD 值为 1.000,结果符合要求。根据以上各指数值的大小,整个测量模型是正确的。

5.3 地方政府住房政策议程的结构方程模型

根据上述对地方政府住房政策议程及影响因素两个测量模型的验证通过,本书构建了影响因素对地方政府住房政策议程作用关系的结构方程示意图,见图 5-3,其中 $q_1 \sim q_{36}$ 表示结构方程的观测变量,$L_1 \sim L_9$ 代表方程的潜变量,$\varepsilon_1 \sim \varepsilon_{39}$ 表示方程的测量误差。

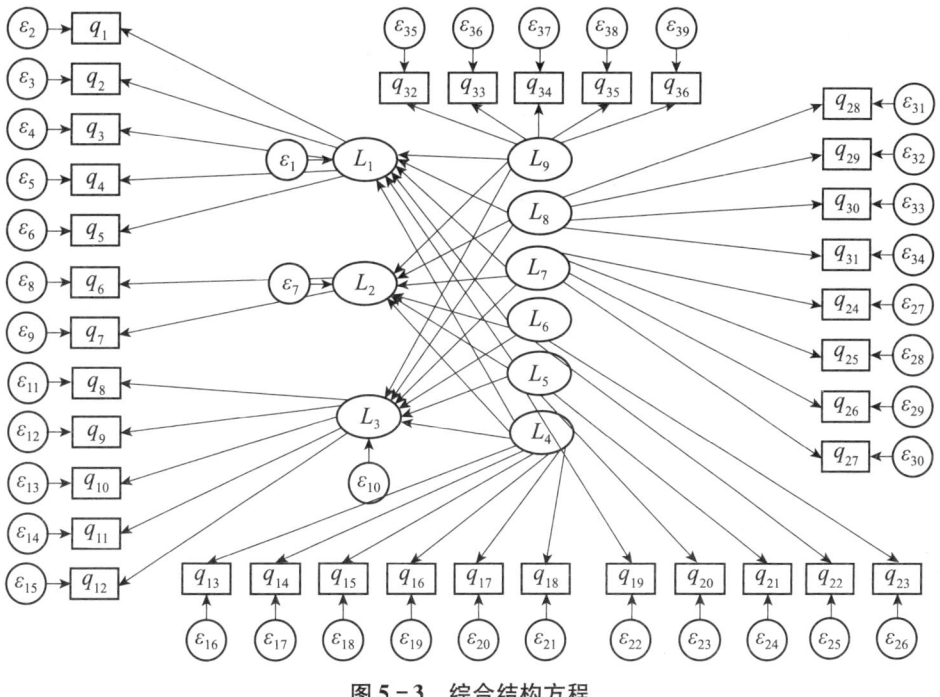

图 5-3 综合结构方程

结构模型估计的方程式:

$$L_i = \alpha_i + \sum_{j=4}^{9} L_j \beta_j + \varepsilon_i$$

其中,$i = 1 \sim 3$。

本书采用极大似然估计法对地方政府住房政策议程的结构模型和测量模型分别进行了参数估计,结果如表5-9、表5-10所示。对地方政府住房政策议程的综合结构方程模型进行了拟合度检验,结果如表5-11所示。

表5-9　　　地方政府住房政策议程结构模型参数估计($L_4 \sim L_9$)

参数		系数	标准差	Z	P	置信区间(95%)	
						下限	上限
L_1	L_4	0.242 740 4	0.097 162 9	2.50	0.012	0.052 304 7	0.433 176 2
	L_5	0.101 395 7	0.098 387 5	1.03	0.303	-0.091 440 2	0.294 231 6
	L_6	1.533 369	0.231 130 2	6.63	0.000	1.080 362	1.986 376
	L_7	0.065 420 2	0.092 306 7	0.71	0.478	-0.115 497 5	0.246 337 9
	L_8	0.097 259 6	0.081 065 8	1.20	0.230	-0.061 626 4	0.256 145 7
	L_9	0.065 589 5	0.079 413 7	0.83	0.409	-0.090 058 5	0.221 237 5
L_2	L_4	0.069 650 8	0.103 012 8	0.68	0.499	-0.132 250 6	0.271 552 2
	L_5	0.301 183 2	0.107 621 5	2.80	0.005	0.090 249	0.512 117 5
	L_6	1.624 959	0.244 247 3	6.65	0.000	1.146 243	2.103 675
	L_7	-0.012 681 6	0.098 547	-0.13	0.898	-0.205 830 1	0.180 466 9
	L_8	0.055 828 5	0.086 379	0.65	0.518	-0.113 471 3	0.225 128 2
	L_9	0.129 410 8	0.084 519 3	1.53	0.126	-0.036 243 9	0.295 065 4
L_3	L_4	0.164 314 3	0.081 166 9	2.02	0.043	0.005 230 1	0.323 398 5
	L_5	0.137 078 3	0.082 450 1	1.66	0.096	-0.024 520 9	0.298 677 4
	L_6	1.406 122	0.209 987 6	6.70	0.000	0.994 553 9	1.817 69
	L_7	0.063 268 1	0.077 242 1	0.82	0.413	-0.088 123 8	0.214 659 9
	L_8	0.111 714 5	0.067 900 2	1.65	0.100	-0.021 367 4	0.244 796 4
	L_9	-0.022 534 4	0.066 425 1	-0.34	0.734	-0.152 725 3	0.107 656 3

表5-10　　　地方政府住房政策议程测量模型参数估计

潜变量	变量	参数	系数	标准差	Z	P	置信区间(95%)	
							下限	上限
L_1	q_1	α	3.290 667	0.029 590 8	111.21	0.000	3.232 67	3.348 664
		β	—	—	—	—	—	—
	q_2	α	3.344	0.028 890 6	115.75	0.000	3.287 375	3.400 625
		β	1.013 162	0.035 377 7	28.64	0.000	0.943 823 4	1.082 502
	q_3	α	3.333 333	0.028 362 9	117.52	0.000	3.277 743	3.388 924
		β	0.975 093 5	0.035 293 7	27.63	0.000	0.905 919 2	1.044 268
	q_4	α	3.325 333	0.028 841 6	115.30	0.000	3.268 805	3.381 862
		β	0.937 692	0.037 496 2	25.01	0.000	0.864 200 8	1.011 183
	q_5	α	3.317 333	0.028 809 9	115.15	0.000	3.260 867	3.373 8
		β	1.004 134	0.035 414 8	28.35	0.000	0.934 722 5	1.073 546

续表

潜变量	变量	参数	系数	标准差	Z	P	置信区间（95%）	
							下限	上限
L_2	q_6	α	3.330 667	0.029 362 7	113.43	0.000	3.273 117	3.388 217
		β	—	—	—	—	—	—
	q_7	α	3.346 667	0.029 506 9	113.42	0.000	3.288 834	3.404 499
		β	0.982 252 8	0.041 513	23.66	0.000	0.900 888 9	1.063 617
L_3	q_8	α	3.154 667	0.027 796 7	113.49	0.000	3.100 186	3.209 147
		β	—	—	—	—	—	—
	q_9	α	3.136	0.028 570 1	109.77	0.000	3.080 004	3.191 996
		β	1.017 004	0.059 053	17.22	0.000	0.901 262 6	1.132 746
	q_{10}	α	3.170 667	0.028 620 5	110.78	0.000	3.114 571	3.226 762
		β	1.064 506	0.058 830 6	18.09	0.000	0.949 200 1	1.179 812
	q_{11}	α	3.136	0.028 385 5	110.48	0.000	3.080 366	3.191 634
		β	1.044 21	0.058 202 8	17.94	0.000	0.930 135 1	1.158 286
	q_{12}	α	3.149 333	0.028 945	108.80	0.000	3.092 602	3.206 065
		β	1.098 397	0.058 933 3	18.64	0.000	0.982 889 5	1.213 904
L_4	q_{13}	α	3.357 333	0.028 735 4	116.84	0.000	3.301 013	3.413 654
		β	—	—	—	—	—	—
	q_{14}	α	3.378 667	0.028 995 6	116.52	0.000	3.321 836	3.435 497
		β	1.044 432	0.062 601 8	16.68	0.000	0.921 735 1	1.167 13
	q_{15}	α	3.394 667	0.028 420 9	119.44	0.000	3.338 963	3.450 371
		β	0.975 347 6	0.062 327 6	15.65	0.000	0.853 187 7	1.097 508
	q_{16}	α	3.4	0.027 968 2	121.57	0.000	3.345 183	3.454 817
		β	0.993 063 2	0.061 202 9	16.23	0.000	0.873 107 9	1.113 019
	q_{17}	α	3.389 333	0.027 604 5	122.78	0.000	3.335 23	3.443 437
		β	1.006 766	0.059 552 7	16.91	0.000	0.890 045	1.123 487
	q_{18}	α	3.394 667	0.028 169 6	120.51	0.000	3.339 455	3.449 878
		β	0.980 211 6	0.061 353 6	15.98	0.000	0.859 960 7	1.100 462
L_5	q_{19}	α	3.378 667	0.028 749 3	117.52	0.000	3.322 319	3.435 014
		β	—	—	—	—	—	—
	q_{20}	α	3.36	0.027 764 1	121.02	0.000	3.305 583	3.414 417
		β	0.923 870 6	0.078 871 4	11.71	0.000	0.769 285 5	1.078 456
	q_{21}	α	3.378 667	0.028 500 8	118.55	0.000	3.322 806	3.434 527
		β	0.996 200 1	0.081 557 7	12.21	0.000	0.836 35	1.156 05
L_6	q_{22}	α	3.405 333	0.029 015 2	117.36	0.000	3.348 465	3.462 202
		β	—	—	—	—	—	—
	q_{23}	α	3.384	0.028 807 9	117.47	0.000	3.327 538	3.440 462
		β	0.926 705 7	0.157 709 7	5.88	0.000	0.617 600 4	1.235 811

续表

潜变量	变量	参数	系数	标准差	Z	P	置信区间（95%）	
							下限	上限
L_7	q_{24}	α	3.418 667	0.029 122 8	117.39	0.000	3.361 577	3.475 746
		β	—	—	—	—	—	—
	q_{25}	α	3.410 667	0.028 814 5	118.37	0.000	3.354 191	3.467 142
		β	1.031 601	0.059 488	17.34	0.000	0.915 006 4	1.148 195
	q_{26}	α	3.402 667	0.029 478 1	115.43	0.000	3.344 891	3.460 443
		β	0.980 580 8	0.060 541 8	16.20	0.000	0.861 921	1.099 241
	q_{27}	α	3.413 333	0.027 832 3	122.64	0.000	3.358 783	3.467 884
		β	0.885 845 8	0.058 032 2	15.26	0.000	0.772 104 8	0.999 586 8
L_8	q_{28}	α	3.482 667	0.030 362 2	114.70	0.000	3.423 158	3.542 176
		β	—	—	—	—	—	—
	q_{29}	α	3.488	0.030 134	115.75	0.000	3.428 938	3.547 062
		β	1.001 219	0.041 612 2	24.06	0.000	0.919 660 2	1.082 777
	q_{30}	α	3.464	0.030 318 5	114.25	0.000	3.404 577	3.523 423
		β	0.983 744 7	0.042 545 6	23.12	0.000	0.900 356 8	1.067 132
	q_{31}	α	3.466 667	0.029 854	116.12	0.000	3.408 154	3.525 179
		β	0.969 726 4	0.042 242 4	22.96	0.000	0.886 932 9	1.052 52
L_9	q_{32}	α	3.488	0.030 602 4	113.98	0.000	3.428 02	3.547 98
		β	—	—	—	—	—	—
	q_{33}	α	3.464	0.030 784	112.53	0.000	3.403 664	3.524 336
		β	0.975 625 9	0.045 649 2	21.37	0.000	0.886 155 2	1.065 097
	q_{34}	α	3.456	0.030 054 6	114.99	0.000	3.397 094	3.514 906
		β	0.941 013 8	0.044 686 2	21.06	0.000	0.853 430 5	1.028 597
	q_{35}	α	3.464	0.030 318 5	114.25	0.000	3.404 577	3.523 423
		β	0.945 535 5	0.045 640 9	20.72	0.000	0.856 080 9	1.034 99
	q_{36}	α	3.469 333	0.030 799 4	112.64	0.000	3.408 968	3.529 699
		β	0.978 5	0.046 12	21.22	0.000	0.888 106 5	1.068 894

表 5-11　地方政府住房政策议程结构方程模型的拟合度检验

指数	检验值
χ^2_{ms}	2 427.966
P_{ms}	0.000
χ^2_{bs}	11 916.918
P_{bs}	0.000
$RMSEA$ (90%, CI)	0.093 (0.089, 0.096)
CFI	0.836
TLI	0.821
$SRMR$	0.388
CD	1.000

由以上方程式的估计结果可知被估计参数的系数在5%显著性水平的条件下，潜变量对观测变量的影响以及潜变量之间的影响都是显著的。从尤度比检验来看，在5%显著性水平的条件下，χ^2_{bs}、χ^2_{ms}都拒绝了零假说，总体来说，模型的拟合度较好。需要注意的是，尽管RMSEA值为0.093，略大于0.05的标准；CFI和TLI的值分别为0.836和0.821，略低于标准值0.9；而SRMR值为0.388，其值略大于标准0.1，但根据总体方程的拟合度来说，仍在可接受范围之内。CD值为1.000，完全符合要求。根据以上各指数值的大小，整个结构方程模型的拟合程度是可以接受的。

5.4 假设检验结果

根据上述对地方政府住房政策议程的两个测量模型和一个结构模型的参数估计及拟合度检验结果，本书第3章所提出的18条假设中，6条假设通过，12条假设未通过。其验证结果如表5-12所示。

表5-12　　　　　　　　　　假设检验结果

变量关系	P值	相应假设	检验结果
主体因素——→问题感知	0.012	假设1-1	通过
主体因素——→方案备选	0.499	假设1-2	未通过
主体因素——→政治动力	0.043	假设1-3	通过
社会因素——→问题感知	0.303	假设2-1	未通过
社会因素——→方案备选	0.005	假设2-2	通过
社会因素——→政治动力	0.096	假设2-3	未通过
财政因素——→问题感知	0.000	假设3-1	通过
财政因素——→方案备选	0.000	假设3-2	通过
财政因素——→政治动力	0.000	假设3-3	通过
政治因素——→问题感知	0.478	假设4-1	未通过
政治因素——→方案备选	0.898	假设4-2	未通过
政治因素——→政治动力	0.413	假设4-3	未通过
利益关系——→问题感知	0.230	假设5-1	未通过
利益关系——→方案备选	0.518	假设5-2	未通过

续表

变量关系	P 值	相应假设	检验结果
利益关系——→政治动力	0.100	假设 5-3	未通过
个体因素——→问题感知	0.409	假设 6-1	未通过
个体因素——→方案备选	0.126	假设 6-1	未通过
个体因素——→政治动力	0.734	假设 6-1	未通过

当被估计参数系数在5%显著性水平的条件下，即 P 值小于0.05时，则拒绝原假说。根据表5-12可知，假设1-1、假设1-3、假设2-2、假设3-1、假设3-2、假设3-3均通过检验，而其他假设都未通过。

第6章

研究结果与研究讨论

根据第5章数据验证结果，本章将与第1章提出的核心问题相呼应，进行地方政府住房政策议程内涵、影响因素及其作用机理的理论总结，并就此展开相关讨论。

6.1 研究结果

6.1.1 地方政府住房政策议程的内涵

首先，本书借鉴了约翰·W.金登的多源流理论，构建了地方政府住房政策议程内涵研究的三大维度，即"问题感知"、"方案备选"和"政治动力"。其次，本书根据文献研究和访谈调查构建了三个潜变量的观测变量，"问题感知"潜变量主要包括五个观测变量，分别是"经济发展与社会管理指标"、"焦点事件"、"反馈"、"内参"和"新闻"；"方案备选"潜变量主要包括两个观测变量，分别是"技术可行性"和"价值可接受性"；"政治动力"潜变量主要包括五个观测变量，分别是"核心领导层意志"、"关键部门人员调整"、"公众情绪"、"体制内部门和组织"和"体制外部门和组织"。最后，本书通过调查问卷对地方政府住房政策议程测量模型进行了探索性因子分析和验证性因子分析，检验结果为该模型结构优良，完全符合测量要求。因此，地方政府住房政策议程的内涵主要包括"问题感知"、"方案备选"和"政治动力"三大要素。这也验证了多源流理论的核心思想，即"只有在问题流、政策流和政治流三流汇合的情况下，政策之窗开启"。尽管多源流理论是约翰·W.金登基于美国卫生政策领域和运输政策领域的实证研究所提出，但这一理论在我国住房政策议程领域同样得到验证，从而进一步扩大了多源流理论的解释力。

具体来说，住房问题欲要通过政策形式予以解决，首先需要地方政府感知到这些住房问题的存在，感知到的住房问题并不能都上升为政策问题，只有那些符合公共政策要求、能够通过住房政策予以解决的住房问题才能转化为住房政策问题。而这些住房政策问题能否被提升到政策议程，政治动力发挥着关键的作用，核心领导层的意志、关键部门的人员调整决定了政策目标和组织架构，体制内外的相关部门和组织以及公众情绪将会形成极大的舆论监督力量，这些因素交织在一起影响着政治动力的强弱。但即便有强大的政治动力，若没有可行的政策方案，政策之窗依旧难以开启，政策方案既要有技术上的可行性又要有住房利益群体的价值共识性，唯此才能形成成熟的政策备选方案。因此，只有当问题感知、政治动力和政策方案同时具备时，政策之窗才有可能打开。

6.1.2 地方政府住房政策议程的影响因素

本书首先根据文献研究对已有理论观点进行总结分类，划分出影响地方政府住房政策议程的六类因素，分别是"主体因素"、"社会因素"、"财政因素"、"政治因素"、"利益关系"和"个体因素"。在对影响因素的验证中，通过验证的是三类影响因素，分别是"主体因素"、"社会因素"和"财政因素"，未通过验证的三类影响因素是"政治因素"、"利益关系"和"个体因素"。下面分别予以阐述。

6.1.2.1 影响地方政府住房政策议程的因素

本书在第3章提出了对住房政策议程产生影响的六类研究假设，在第5章的结构方程模型假设检验中，假设1、假设2、假设3分别有具体假设子项通过，这表明"主体因素"、"社会因素"和"财政因素"直接正向影响地方政府住房政策议程，而假设4、假设5、假设6均没有假设子项通过，这表明"政治因素"、"利益关系"和"个体因素"没有呈现出与地方政府住房政策议程的显著相关性。而主体因素对地方政府住房政策议程的影响主要通过"主体因素—问题感知"和"主体因素—政治动力"的相关性呈现,社会因素对地方政府住房政策议程的影响主要通过"社会因素—方案备选"的相关性呈现,财政因素对地方政府住房政策议程的影响主要通过"财政因素—问题感知"、"财政因素—方案备选"和"财政因素—政治动力"的相关性呈现。具体如图 6-1 所示。

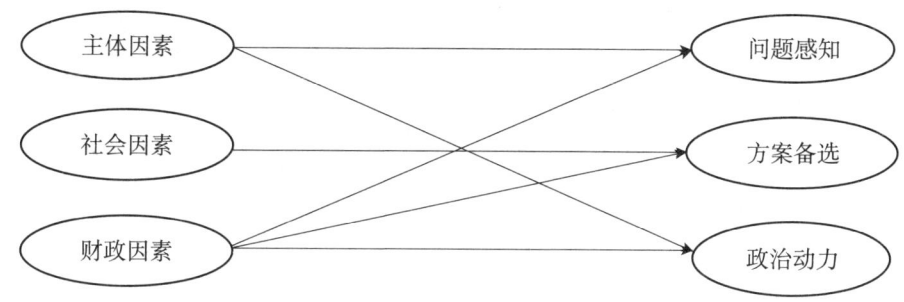

图 6-1　地方政府住房政策议程的影响因素

6.1.2.2　未影响地方政府住房政策议程的因素

"政治因素"、"利益关系"和"个体因素"均没有呈现出与地方政府住房政策议程的显著相关性,表明这三类因素没有直接影响地方政府住房政策议程。本书将结合第 3 章对地方政府住房政策议程影响因素维度划分的解释说明,对这三类因素未通过验证的情况进行分析。

(1) 政治因素。在第 3 章中,本书首先采用了美国政治学家戴维·伊斯顿提出的"政治是对于社会价值物的权威性分配的决策活动"的概念界定,根据这一定义,政治因素的作用发挥将基于两个基础条件:一是政治权力的完全占有,这是权威性分配的前提条件;二是社会价值物的认定、处置及分配归政治权力拥有者。与这两个条件相对应,我国地方政府的现实状况是:第一,地方政府的政治权力完全来自于上级政府的授予,上级政府可根据情境的转换授予、限制和收回地方政府权力,因此,我国地方政府的政治权力获得是委托式而不是占有式;第二,由于地方政府的政治权力是委托式获得,因此,上级政府会经常干预下级政府地方事务,尤其是涉及高社会价值物的分配时,地方政府行为会受到极大掣肘,在住房政策相关领域,这突出地表现为地方政府的土地政策职能权力被上级政府收回或强干预。因此,在我国行政体系的五级划分中,越是基层地方政府,其政治权力的自主性越小,由于不具备完全的政治主体身份,因此,政治因素不构成地方政府住房政策议程的影响因素。

(2) 利益关系。在第 3 章中，利益关系被明确界定为围绕着物质利益占有所发生的人与人之间或群体与群体之间的经济关系，而"中央—地方利益关系"、"政府—利益集团利益关系"、"利益集团之间关系"和"领导者个人利益"构成利益关系的四个观测变量。在这四个观测变量中，中央与地方并不是平等的利益主体关系，而是上级政府与下级政府之间的隶属关系，其间的利益分配可充分地在财政因素中予以体现；而地方政府与利益集团之间也并不构成平等的利益主体关系，在住房产业链中，最稀缺的资源是土地，土地的所有权和处置权归政府所有，而地方政府对土地财政的依赖，使得土地出让价格连年攀升，但住房产业链的其他利益主体对此却毫无办法，不仅如此，即便其他利益主体的利益由于政府因素受到一定影响，也会因为地方政府的政治权威性而选择利益割舍和政治退让；利益集团之间的关系既竞争又合作，但不管关系如何紧张、矛盾如何激化，这些利益主体都会巧妙地将其控制在一定的范围之内，既不会将其扩大化为一个社会问题，也不能将其上升为一定程度的政治压力；至于领导者个人利益，无论领导者出于何种个人动机来影响政策议程，但由于政策议程参与主体的逐步广泛性、过程的相对公开性，领导者只有将个人利益与群体利益捆绑在一起才有可能实现，而领导者作为理性个体，会综合考虑长远利益与眼前利益、群体利益与个体利益，那种谋群体利益而担个人风险的利益行为显然会被理性领导者摒弃。

(3) 个体因素。在第 3 章中，个体因素被界定为由单个自然人所引起的对住房政策议程产生影响的外生变量，并建构了"体制内政策企业家"、"体制外政策企业家"、"政策决策者"、"城市一把手"与"群体精神领袖"五个观测变量。在现实考量中，体制内政策企业家可能是某一政策的积极推动者，但身处行政体系之内，这类政策企业家更能审时度势，他们更多地是响应上级政府的号召或指示，力推某一政策的出台或终止。体制外政策企业家往往是在权力体系之外，他们通常以道德企业家的身份引起社会公众关注某些社会现象，但由于我国新闻媒体的政治管控、地方政府对群体性事件的高度关注，体制外政策企业家的影响范围和影响力度都受到不同程度的约束。政策决策者在本书中采用狭义定义，是指根据法律在政府职位中占决策职位的负责人，他们具有法定的政策制定权力、参与政策制定的全过程；尽管政策决策者享有政策制定权力，但公共政策是公共权威部门的意志表达，政策决策者只是决策机构的法定代表，其决策行为有严密的组织程序予以保障，因此，政策决策者的个人意志对政策议程的推动或阻碍影响甚微。城市一把手是指某一城市最高领导人，他拥有实际上的人事权、经营管理权、财务管理权和职务、薪资调动权，从理论上说，城市一把手拥有对政策议程的直接影响力，但在住房政策议程的实证调查中发现，城市一把手的行政作为空间也非常有限，例如，由于资金所限，在旧城改造、城市化建设中的拆迁工作举步维艰；由于政府换届，前任或前几任政府的政策遗留问题难以解决；由于新媒体的发展和社会力量的逐步增强，政府行为的社会关注度上升，舆论压力普遍增大；由于政绩考核和社会舆论，政府行为不创新，工作难以有突破，政府行为若有所创新，社会只认可创新成就不接受创新成本，而一旦政策目标没有达成，城市一把手将面临巨大的政治风险和压力。群体精神领袖在本书中特指政府体系外部通过个人魅力凝聚某一团队成员的具备领袖特质的管理者，在实证考察中发现，这样的精神领袖的确存在，但他们的作用力只限于该群体的利益问题，通过精神领袖的领导，该群体能获取与相关利益主体博弈的资格，从而维护或改善该群体的有关权益；群体利益问题的解决是他们的核心目标，他们并没有推动政策议程的意愿、努力和能力，因此，无论是精神领袖还是群体本身都不构成对政策议程的影响。

6.1.3 地方政府住房政策议程影响因素的作用机理

综上所述，"主体因素"、"社会因素"和"财政因素"是影响地方政府住房政策议程的直接因素，但这些因素并不是彼此独立地对住房政策议程产生影响，而是相互作用、产生复合式影响效果。本书将结合验证结果与访谈调查按照"问题感知、政治动力、方案备选、政策之窗开启"的逻辑关系阐述地方政府住房政策议程影响因素的作用机理。

6.1.3.1 地方政府对住房问题的感知来自于相关主体的问题披露与地方财政的财力匹配

由住房引发的社会问题很多，无论是城市化建设引发的土地补偿问题还是棚户区改造引发的原住民迁址问题以及子女入学引发的学区房问题等，地方政府通过多种渠道获知这些问题。通常情况下，政府自身通过经济发展与社会管理的相关指标可以了解当地房地产业发展的总体情况，通过工作反馈可了解具体问题的动态发展，而专家学者和媒体既可以通过公共媒介也可以通过内参形式反映相关住房问题，社会公众在今天这个自媒体时代有多种渠道披露自身的住房利益问题，当达不到预期目标时，社会公众也可能通过群体性事件（或焦点事件）来引起社会关注。但是这些被感知的社会问题也不能都被转化为住房政策问题，其原因在于：一是有些问题是典型个案，达不到公共政策所要求的普遍化程度，因此尚不能提升到住房政策问题高度；二是由住房问题所涉及的利益关系，相关利益主体由于身份不同、社会阶层不同、利益主张不同、沟通方式不同，无论是政府还是开发商都很难以公开方式满足相关利益方的各种要求，在现实操作中常常是以不同的方式对这些利益主体分而化之、逐一克服，因此，这类利益博弈问题也往往不会上升到政策问题；三是由于地方政府财力所限，尽管有些住房问题是普遍性问题，属于住房政策问题，但由于缺乏足够的住房预算财政支持，这类问题也常常会处于搁置状态。因此，只有那些有住房预算支持且普遍性存在的、需要予以政策解决的住房问题才能上升为被地方政府感知的住房政策问题。

6.1.3.2 地方政府住房政策议程的政治动力来源于主体压力与地方财政的叠加效应

政治动力在地方政府住房政策议程中发挥着重要的作用。由于近二十年住房政策成为我国宏观经济调控的重要政策，因此，地方政府都面临严格的住房政策目标考核任务，这将有助于地方政府形成坚定的核心领导层意志，并调整关键部门的人事变动；经济性利益集团是住房政策落实的重要主体，它们与地方政府相关部门有着千丝万缕的联系，通过体制内相关部门与组织表达自己的利益诉求与政策意愿，由于这些利益群体涉及具体的政策落实，因而它们或强或弱地影响着住房政策议程；非经济性利益集团与社会公众将会基于各自的立场与主张形成相关的国民情绪，在这期间媒体与专家学者将会起到一种舆论导向的作用，或推波助澜或警示告诫，由于国民情绪高涨有可能会危及社会稳定，而稳定是压倒一切的政治任务，因此，非经济性利益集团、社会公众、媒体与专家学者也会间接地影响住房政策议程。尽管相关主体会对地方政府施加不同形式的压力或影响，但住房政策问题的解决离不开财政支持，对于财政收入较好的地方政府，对土地财政的依赖性就小，土地资源的利用率就高，对保障性住房的预算就能充盈；反之，对于财政收入不足的地方政府，对土地财政的依赖性就大，土地资源的使用开发往往无序且浪费严重，住房预算支出较多地依赖于上级部门的拨付。因此，主体压力决定了地方政府要干什么，而财政因素则决定了地方政府能做到何种程度，二者交相互动影响了地方政府住房政策议程的推进程度。

6.1.3.3 地方政府住房政策议程的方案备选受到财政因素与社会因素的共同影响

正如上文所述，财政因素既影响住房社会问题能否上升为住房政策问题，又影响地方政府对住房政策议程的推进程度，而基于地方财政收入与住房预算支出所制定的住房政策备选方案，必须得到社会的价值认可和技术可行性通过才有可能转化为正式的住房政策。如果地方财政不能与社会需求相匹配，则会分别出现瞒上、瞒下与消极抵触的现象。具体来说，当政策目标被要求坚决实现时，而地方财政预算又不能支持社会住房需求，地方政府将不得已采取以下措施，或通过形象工程对上级政府瞒报事实真相，或封锁政策消息对社会群体欺瞒推诿，或二者兼而有之；反之，当政策目标的实现压力不是太大时，而地方财政预算同样不能支持社会住房需求，地方政府则会采取消极抵触现象。这也就解释了我国"上有政策下有对策"的政策现象，当地方政府勉力维艰而不能企及政策目标之时，也就开启了地方政府与上级政府之间"猫捉老鼠"的游戏。但住房政策方案涉及百姓住房利益，当社会或相关利益群体难以接受住房政策方案进行的利益调配时就会发生社会抵触现象，严重时会危及社会安定，地方政府既要完成政策目标任务又不愿发生社会冲突事件，所以不可避免地会出现，地方政府积极出台政策方案表明行政作为的积极性，又对社会做出一定程度的妥协，最终的结果往往是政策方案流失或告终。需要说明的是，由于地方财政与房地产开发程度紧密相关，很多其他领域的政策目标，例如涉及民生的医疗、教育、文化、卫生等政策目标的实现，也需要房地产业的发展予以保障地方财力，因此，住房政策方案不仅仅涉及住房领域而是事关地方全局的中观政策。

6.1.3.4 上级政府：地方政府住房政策之窗开启的关键因素

约翰·W. 金登在多源流理论中指出，在问题源流、政治源流和政策源流三流汇合的过程中，政策企业家发挥着重要的作用，他们使解决办法与问题相结合，使政策建议与政治契机相结合，并且使政治事件与政策问题相结合。但是，在本书的实证检验中，个人因素影响不了地方政府的政策议程，反之，在问题源流、政治源流和政策源流这三流中处处可感受到上级政府的如影随形。首先，上级政府的目标考核是地方政府最主要的政策目标，与政策目标达成相关的住房问题才能构成住房政策问题；其次，上下级政府间的财权、事权划分由上级政府决定，通常情况下，下级政府要承担一方百姓的民生建设，往往事权太大财权太小，不成比例，在这种情境下下级政府的工作重心总是被迫从公共服务转向为公共盈利；最后，在我国行政体系划分和干部任用考核机制的双重作用下，地方政府必须完成上级政府的政策考核目标，地方政府又往往缺乏足够的财政支持，由于政策目标的出发点是遵照上级政府指令，因此，地方政府的政策方案就会出现科学论证性不足而仓促应付性的现象，也导致了这样的政策方案常会流于形式、无济于民生。综上所述，由于政策目标的确定、财政预算的安排和领导干部的考核都受到上级政府的管制，因此，地方政府政策之窗开启的关键因素是上级政府。

6.2 研究讨论

住房政策事关百姓利益，需要社会各界的相互配合才能落实到位，从历史演进的角度来说，政策议程的开放性、民主性与科学性将是发展的必然趋势。鉴于此，本书将从住房政策议程、地方政府行为以及政府与社会关系三个领域展开相关讨论。

6.2.1 关于住房政策及其议程的讨论

6.2.1.1 住房政策问题是国家、社会、市场三方面协调的系统性问题

住房政策问题是国家、社会、市场三方面协调的系统性问题。从住房供给来说，无论单纯依靠国家还是单纯依靠市场，都会产生政府失灵或市场失灵现象；将国家供给与市场供给相结合，就要防止权力逾越和公权私用现象，为杜绝权力的滥用，从根本上来说，应强化政府的公共性职能角色、淡化政府的自利性利益主体身份。政府是国家的代表，正确处理好政府与社会、政府与市场的关系是国家发展的核心命题。就住房政策而言，引入市场机制、提供社会保障都是毫无疑义的必要举措，问题的关键在于政府能否摆脱利益主体身份、公平公正地进行引航、掌舵。我国地方政府自利的最大动机源于财政体制下的事权与财权不匹配，公共事务的压力迫使地方政府依赖土地财政，这一问题的解决需要协调两个方面：一是财政分税体制历经二十余年，是否需要考虑重新修订完善；二是公共事务的解决是否一定要依靠政府亲力亲为，能否引进民间力量，政府需要做的只是引导、协调和规范。而这两个方面又涉及两种威权，前者是中央政府与地方政府之间的威权关系，后者是政府与社会之间的威权关

系。自古以来，真正的威权来自于普遍的尊重与认可，政府机构的本质是公共服务，服务的对象是社会大众，政府取信于民是立党执政的基本要义，在政府、社会与市场之间，唯一的威权应该是法律。因此，住房政策问题是国家、社会、市场三方面协调的系统性问题，牵一发而动全身。

6.2.1.2 厘清住房流动的范围和机制，降低住房消费及交易环节的负外部性

我国的住房供给主要有国家供给和市场供给两种形式，相对应的住房群体则分别为社会保障群体和市场消费群体。目前，在住房的市场供给中，根据住房的区位选择、品质建设、资产价值等可划分为高中低档不同层次的住房供给；而在住房的国家供给中，根据申请者的身份条件和经济收入，也划分为租金不同的各种类型保障房，同时本着帮助社会保障群体加强资产能力建设的宗旨，政府部门也出台了各种类型的保障房产权获得的政策文件。尽管有一定的约束条件，但保障房也具备了与商品房一样的产权交易资格，同时，在租赁市场上，保障性住房与商品房具备同样的租赁价值。这意味着只要能够获得保障性住房，就能够以低成本付出的形式在商品房市场上获得高额回报，这就为寻租提供了"温床"，一方面，接近保障房供给权力部门的人员会利用职务权力寻找外部收益，另一方面，享有保障性住房权益的社会群体只注重权益的享受而不愿意承担相应的社会义务，在对社区部门访谈和入户调查中，这种现象非常普遍。同时，保障性住房的产权持有还存在以下问题：（1）降低了人员的流动性。即便是保障性住房，其产权持有也是一笔费用不少的开支，鉴于这样一笔大额支出，无论是人员的流入还是流出，其流动性还是受到很大影响。（2）保障性住房供给呈现结构性失衡现象。保障性住房的产权持有意味着保障性住房配给的过程也就是保障房存量减少的过程，但这并不代表享有保障性住房权益的社会群体数量的减少，因此，对于以政府为供给主体的社会保障房来说，其住房需求是刚性的、建设资金是短缺的，这种态势将长期存在。而事实上，享有保障性住房权益的社会群体并不意味着其一直处于低收入状态，当其收入增加具备购买商品房能力之时，政府可以继续提供其享有保障性住房的过渡时期，过渡期满之后，政府可以收回保障性住房继而提供给其他需要社会救助的保障性群体。（3）干扰了商品房市场。保障性住房的产权持有使其具备了商品化交易的特征，这对于商品房市场形成了极大的冲击。商品房市场的土地流转成本、建设成本、营销成本等极其高昂，因此，商品房的售价也屡屡攀升（当然还包括其他原因），保障性住房由于社会福利性质因而其开发与建设成本较低，当允许其进行商品化交易，就对商品房开发主体构成了不公平竞

争,同时就购买者而言,保障性住房与商品性住房的购房价格不同,但出售价格都按照市场价格进行,这本身就构成了一种价格歧视。(4)进一步加剧了住房消费的商业文化导向。保障性住房体现的是对社会弱势群体的一种关爱,同时受助群体也对国家、政府与社会满怀感激,并对社会乐于回馈,这是人类社会文明与进步的象征。从生命个体来说,每个人在经历生老病死的过程中,都有可能成为弱势群体中的一员;从社会群体来说,经济危机、自然生态等各种环境变量都随时有可能使各类群体陷入危机。因此,社会保障是每一个社会成员的必需,在社会保障的供给与需求中,弘扬的是正义、公平与关爱的社会文化。但保障性住房的产权持有则在社会互助行为中注入了商业文化,很多时候"中国式聪明"淋漓尽致地体现在保障性住房权益的申请与获取之中,这加剧了住房消费的商业文化,弱化了受助群体的感恩心理,异化了人类社会的真善美追求。鉴于此,厘清住房流动的范围和机制就有了一定的必要性,将商品房的流动局限在商品房市场中,主要运用市场机制进行商品化交易;将社会保障房的流动局限在社会保障体系之内,主要通过身份筛查和信用体系构建来体现社会公平公正原则。通过树立保障房与商品房的藩篱,有效降低住房消费与交易的负外部性。

6.2.2 关于地方政府行为的讨论

6.2.2.1 由于住房的国家供给与市场供给都纳入政府管理范畴,因而地方政府自利行为强化

本书中,"财政因素"是对地方政府住房政策议程影响最重要的一个因素,它与住房政策议程的"问题感知"、"方案备选"和"政治动力"均呈现强相关性,这表明财政因素渗透进地方政府住房政策议程的各个方面。事实上,我国住房政策的演变中,无论是"限价"和"限购"的市场抑制政策还是"降准"和"降息"、放松管制的市场刺激政策,政府对市场的干预力度一直没有放松。中央政府常常在住房政策的市场效应与社会效应之间极速转换,地方政府则往往在"土地财政"与"政绩考核"的政策空间迂回徘徊。无论是住房的国家供给还是市场供给,政府都实行了介入管制,这就为政府的某些自利行为提供了便利条件。一方面,中央政府的住房政策目标频繁更替,彰显了中央政府行为的长、短期目标交替特征;另一方面,地方政府既要借助房地产市场的繁荣获得更多的土地收入,又要通过行政审批手段规划土地使用、出台消费政策、严格保障性住房管理等措施实现其公共管理职能强化其行政权威。因此，通过对住房国家供给和市场供给的严格管制，地方政府的威权和财富同时增加。与此同时，某些行政部门及官员也往往借助公权力，一方面，享有保障性住房获得权益，另一方面，享有市场化交易获取财富。由此，借助住房国家供给和市场供给的行政管理权，地方政府部门的自利动机和自利条件都得到一定程度的强化。

6.2.2.2 大一统的目标考核促发了地方政府的短期行为，地方政府的政策目标应因地制宜

长期以来由于地方政府面临严峻的GDP考核压力，形成了地方政府"公司化"现象，招商引资成为地方政府工作的重中之重，经济发展形成了鲜明的区域保护特色。鉴于领导干部工作任期的时间限制，GDP考核的目标导向促发了地方政府的短期行为，收益高见效快的项目成为各地政府竞相追逐的目标，地方政府"向钱看"的态度，势必导致政策倾斜于高回报率产业，金融投资、地产项目等越炒越热，实体经济遭遇寒冬、生存环境恶化，缺乏实体经济支撑的GDP繁荣必然内含一个又一个泡沫，相伴而生的还有严重的环境污染、社会失序、道德沦丧。随着绿色GDP考核的逐步推行，环保测评与民生建设也纳入对地方政府的目标考核中，这种多元化的目标考核促使地方政府的职能行为从经济职能扩展到经济发展与公共服务职能。公共服务职能的回归需要地方财力的支撑，多年来实体经济的下滑、公共事业的亏欠，造成地方财政的极度紧张，要完成多元化考核目标，地方政府的经济发展压力不是降低了而是加剧了，于是行政手段对经济发展的干预越来越强化，地方政府承受着难以言状的经济发展压力、公共事务压力和社会舆论压力。事实上，由于我国地域的广袤，自然生态赋予了各个地方不同的发展特点，边疆地区守护的是国土安全，沙漠边缘构建的是生态屏障，肥沃土壤、鱼米之乡保障的是粮食安全，城市发展体现的是现代化水平。因此，各个地方应该有不同的发展模式，打通各个地方互联沟通的则应该是市场，市场的信号是价格，对此政府应避免行政介入，而对于那些承担着全国甚至更大范围的公共职能的地域，譬如边疆安全、森林防护，则应通过财政转移支付予以保障。但这几十年，中央政府通过宏观调控对地方发展产生了巨大的影响，为促进经济特区、直辖市等的全面发展，中央政府在全国范围之内对人、财、物进行了行政调配，而内陆地区在对沿海开放城市进行资源、人才的输送支持之后留下的往往是枯竭的资源、污染的环境和破坏了的生态，在如此不对等的发展环境之下，马太效应愈发明显，穷者愈

穷，富者愈富。因此，中国的发达地区常常有政策性致富的原因，而贫困地区也往往离不开政策性致贫的背景。鉴于此，笔者认为地方政府的政策目标应因地制宜，发展模式各具特色，地域间的经济往来采用市场化机制，地域间的贫富差异首先应有历史肃清，其次进行政策补偿与经济返还，这种历史澄清既是尊重事实又是对落后地区人民群众的精神安慰，而政策补偿与经济返还体现的是一种公平交易而且即便这样也无法弥补落后地区所贻误的发展时机和所遭受的生态破坏。政策目标的确立只能根据各地情况客观拟定，可以相互借鉴但无法相互比较，大一统的目标制定和地方政府间的盲目追赶都毫无意义，客观可行的政策目标才能让地方政府行为科学化和长期化。

6.2.3 关于政府与社会关系的讨论

6.2.3.1 正确认识和引导社会力量的增强和凝聚，防止社会不良情绪负面爆发

尽管本书中"社会因素"是地方政府住房政策议程的影响因素，但社会因素只影响住房政策议程的"方案备选"，对"问题感知"和"政治动力"的影响相关性不强。这意味着社会因素更多地是被动地参与政策方案的接受与否，而并不能主动地建构问题、形成压力。在实践中，我国的住房改革实现了住房由国家供给为主转变为市场供给为主、国家供给为辅的形式，这虽然减轻了国家供给的压力，提高了市场供给的效率，但不容忽视的是，国家供给实行的是身份原则，市场供给实行的是货币原则，对那些既不享有国家供给的身份资格又无货币财富能力购买住房的社会群体来说，如果再缺乏社会力量的守望相助，必然面临难以逾越的住房危机。目前，我国对住房的社会性融资、建房等都缺乏必要的法律支持和行政许可，同时社会力量在住房政策议程中的参与性有限。从社会演进的角度审视，国家形式、市场机制都是社会发展的阶段性产物，国家力量和市场力量都不可以压制社会力量的增长，当社会力量不能从正面集聚时，必然从负面爆发。

6.2.3.2 住房消费文化异化，引发复杂的社会问题

在我国住房的国家供给与市场供给中，国家供给体现的是"居者有其屋"的公平公正原则，市场供给体现的是"居者有好屋"的市场逻辑，从理论上来说，两种手段相互协调，能满足社会绝大多数人的住房需求。但现实中，由于地方政府既是公共价值分配的权威主体又是具有自身利益倾向的利益主体，

公共权力与地方利益相结合使地方政府成为住房产业链中的自由调控者。当以效率原则为价值追求时，推高房价成为整个房地产产业链的共同目标，市场繁荣现象涌现；当以公平原则为价值追求时，行政干预增强，市场机制得到遏制。两种价值导向孰轻孰重，往往有深刻的时代背景，但总体来说，房地产业作为国民经济发展的重要或支柱产业，其经济职能更为显现。于是，在住房交易中，住房消费、住房投资、住房投机各种市场行为错综复杂，而为了不断推高房价、炒作市场、引导消费，房地产企业不断推出"炫富"广告，赤裸裸地把住房与社会阶层、人生价值相等同，一方面，给社会大众营造消费示范、消费攀比的住房消费文化；另一方面，让社会大众感受到触目惊心的房价暴涨，"要买赶紧买""不买又涨了"成为整个社会最纠结的买房心理。无房的人买房为家，有房的人置业投资，炒房的人投机钻营，"买买买""涨涨涨"成为住房消费的主旋律，买房不再为了身安，无论住房条件如何改善，心不安则居所不定。当住房消费文化异化，贪欲膨胀，人们早已忘了住房最基本的功能是遮风避雨的安居之所，倾注爱与关怀才构建为家。围绕住房消费，家庭矛盾、社区矛盾、社会矛盾此起彼伏，仇富心理、阶层分化、群体性事件愈演愈烈。家是社会的最小单位，家不宁则社会不安。住房政策的根本目的是为了让人们安居进而乐业，而不能单纯地营造住房消费这样一块"大蛋糕"引诱人们争抢食之。

6.2.3.3 加强社会互助，有效弥补政府失灵和市场失灵

无论是保障房的政府供给还是商品房的市场供给，都会存在政府失灵与市场失灵现象。政府失灵源于政府行为中缺乏雷同于"市场"的这样一个灵敏的指示器，从而出现效率低下和资源浪费现象；市场失灵源于市场的自发性、盲目性与滞后性，在追逐效率的过程中破坏了社会的公平与公正，最终会导致市场的无效。而社会互助强调的是社会力量的守望相助，它是社会群体自愿结合、相互扶助、目标协同、彼此互惠的一种形式。因此，社会互助力量的增强，对于政府而言，在政府职能缺位、错位、越位的情况下，社会互助的反应形式，一方面，是对政府不当行为的提示与监督，另一方面，是对政府行为导向的引导和建议，在这个过程中，社会互助充当了政府行为的指示器作用；对于市场而言，在市场盲目追求效率导致市场失序之时，社会互助将会采取内部交易形式，抵御混乱的外部市场，降低对市场的持续刺激，从而有助于市场的理性回归和秩序重建，在这个过程中，社会互助充当了理性的经济人，降低了市场对效率追逐的盲目热潮，推进了市场平稳地发展。因此，加强社会互助，能够有效地弥补政府失灵和市场失灵现象。

第 7 章

研究结论与研究展望

本书以多源流理论为基础,研究了我国地方政府住房政策议程的影响因素及作用机理。作为验证性研究,本书验证了多源流理论在中国情境下适用性、验证了学界多位学者关于住房政策议程的相关观点,因此,本章首先对这些研究结论予以总结,其次本章中肯地评价了本书的理论贡献与研究不足,并就研究不足与该领域的发展趋势进行了未来研究的构思与设想。

7.1 研究结论

7.1.1 多源流理论的核心思想在地方政府住房政策议程的内涵检验中得到部分验证

多源流理论的核心思想是指政策议程主要包括三大要素,分别是问题源流、政策源流和政治源流,在特定的条件下这三流汇合从而政策之窗开启。本书以此作为地方政府住房政策议程的内涵要素,构建了地方政府住房政策议程的测量模型,经过检验,模型完全符合要求。这表明,在我国地方政府住房政策议程中,问题源流、政策源流和政治源流也是必不可少的三大要素。但是,多源流理论强调了政策之窗开启的关键因素是政策企业家的影响,即政策企业家促进了三流汇合从而开启政策之窗,这在本书验证中没有通过，政策企业家属于个人因素，在本书的实证检验中，个人因素不构成对住房政策议程的影响，因此，政策之窗的开启因素没有得到验证。

7.1.2 地方政府住房政策议程的影响因素只包括主体因素、社会因素和财政因素

本书关于住房政策议程测量模型的构建是基于国内外学者的理论观点总结而成，尽管不少学者在对政策议程的研究中，分别从主体因素、社会因素、财政因素、政治因素、利益关系和个人因素方面探讨过它们对政策议程的影响，但是本书对地方政府住房政策议程的实证检验中，通过验证的只有主体因素、社会因素和财政因素，而政治因素、利益关系和个人因素并未通过验证。这一方面显示了地方政府政策议程与中央政府政策议程的区别，另一方面也凸显了地方政府住房政策议程的特点。

7.1.3 主体因素对地方政府住房政策议程的影响是通过对"问题感知"和"政治动力"的作用完成

在主体因素与地方政府住房政策议程的相关假设中，通过验证的是假设1-1和假设1-3，这表明主体因素对地方政府住房政策议程的影响是通过对"问题感知"和"政治动力"的作用完成，即相关主体通过一定的路径和渠道让地方政府感知到特定的住房社会问题存在，并通过各自的方式对地方政府形成一定的政治动力或政治压力。

7.1.4 社会因素对地方政府住房政策议程的影响是通过对"方案备选"的作用完成

在社会因素与地方政府住房政策议程的相关假设中，通过验证的是假设2-2，这表明社会因素对地方政府住房政策议程的影响是通过对"方案备选"的作用完成，即社会因素影响备选方案的形成与落地。

7.1.5 财政因素对地方政府住房政策议程的影响是通过对"问题感知"、"方案备选"和"政治动力"的作用完成

在财政因素与地方政府住房政策议程的相关假设中,假设3-1、假设3-2、假设3-3均通过检验,这表明财政因素对地方政府住房政策议程构成全方位影响,财政因素既能影响住房社会问题能否上升为住房政策问题,又能影响地方政府的住房政策方案形成,还能促使地方政府形成紧迫的政治动力和压力。

7.2 理论贡献与研究不足

7.2.1 本书的理论贡献

我国的政策议程研究起步较晚,第一篇有关政策议程的文章发表于1995年,研究对象主要集中在教育政策领域,研究内容集中在政策议程理论的引进、分析与探讨,实证研究较少(参见本书第2章第2.2节文献计量部分)。本书基于政策议程理论的分析框架结合住房政策研究的相关理论构建了地方政府住房政策议程的理论模型并进行了实证检验,其理论贡献主要有以下四点:

(1) 本书验证了多源流理论在中国情境下的理论解释力,其核心思想得到了大部分验证,从而进一步拓宽了该理论的外部效度。

(2) 本书对政策议程理论中政策议程设置的相关因素进行了构成要素和影响因素的区分,从而对政策议程的内涵和外延进行了严格的界定和划分,这为研究政策议程的运行机理提供了要素分类的理论基础。

(3) 本书通过文献研究和实地访谈构建了地方政府住房政策议程的结构方程模型,在对甘肃省六个地级市的实证检验中,该模型部分通过了验证,这是基于我国现实国情所构建的理论模型,对于我国地方政府其他领域的民生政策议程也具备一定的借鉴价值。

(4) 我国的住房政策研究较多地集中在住房问题研究和政策效果研究(参见本书第2章第2.2节文献计量部分),尽管诸位学者基于不同的研究视角

进行了相关领域深入细致的分析,但研究主题之间或多或少是相互割裂的。本书基于住房政策议程的理论研究,有助于将这些研究主题关联起来,从而更好地解释这些住房问题的形成原因和政策实施的执行效果。

7.2.2 本书的研究不足

本书的数据收集主要来源于甘肃省六个地级市,尽管在第 4 章数据收集中本书对样本选择做出解释,即各省在住房政策出台时基本都处于相同的政治背景和政策环境,因而为获得数据的有效性本书采取了便利性抽样的方法,但不可否认,各个省份在地理环境、经济收入、社会文化等方面的差异还是会影响因素之间的相关性,这更细致的探索将留待后续的研究之中。

7.3 研究展望

中共十八届三中全会通过的《中共中央关于全面深化改革若干重大问题的决定》中提出了"推进国家治理体系和治理能力现代化"的要求,并强调要"创新社会治理体制"。治理体系现代化侧重于治理组织的结构现代化,治理能力现代化侧重于治理水平、手段、方式的现代化,因此,社会治理现代化必然包括治理主体的多元化、治理结构的弹性化、政策议程的开放性、政策决策的科学性。而政策议程是社会治理和政策决策的起始阶段,其开放性、民主性、科学性决定了整个治理体系的现代化程度。基于此,本书将结合住房政策议程展开关于政策议程理论研究的未来展望。

7.3.1 通过比较式研究强化地方政府住房政策议程理论模型的解释力

本书对地方政府住房政策理论模型的验证是通过对甘肃省六个地级市的数据收集与分析,尽管我国各省地级市的政策环境相似,但甘肃省属于我国欠发达地区,为进一步笃实地方政府住房政策议程理论模型的解释力,应增加对发达地区的实证检验,从而最终判定该理论模型的解释力。

7.3.2 从住房政策议程拓展到其他民生政策议程领域，从而发现我国地方政府民生政策议程的一般理论模型

借鉴住房政策议程的理论模型，结合其他民生政策领域的实际情况，构建该领域的政策议程模型并予以验证，通过比较研究最终推导出我国地方政府民生政策议程的一般模型。

7.3.3 从民生政策议程的实证研究发展到民生政策议程的规范研究

实证研究解决的是"实然"问题，规范研究解决的是"应然"问题。通过大量的实证研究判定清楚我国地方政府民生政策议程的实际情况，其目的在于为规范研究提供一个应然研究的起点和基础，而应然研究则为最终推动政策议程的变革、完善发挥重大的作用。

附录一

《地方政府住房政策议程的影响因素及作用机理研究》调查问卷

尊敬的女士/先生：

您好！

本课题的研究宗旨是分析地方政府住房政策议程的影响因素及作用机理，本次调查不附带任何商业目的，调查所获得的信息与数据只用于学术研究使用。

答案没有对错之分，请按照您的真实想法填写。但为了获得有效数据，对于漏填、错填或任意填写的问卷，将会被视为无效问卷。

本问卷分为三部分：基本信息问卷、住房政策议程构成要素问卷、住房政策议程影响因素问卷。关于各项指标的含义，详见附表1与附表2。

完成本问卷大约需要10分钟时间，非常感谢您百忙之中接受我们的问卷调查！

祝您工作顺利，家庭幸福！

第一部分：基本信息

1. 年龄：
（1）25岁以下 （2）25～30岁 （3）31～40岁 （4）41～50岁 （5）51岁以上

2. 性别：（1）男 （2）女

3. 学历：（1）大专及以下 （2）本科 （3）硕士研究生及以上

4. 职称：（1）初级及以下 （2）中级 （3）副高 （4）正高

5. 职务：(1) 科级以下 (2) 科级 (3) 处级 (4) 地厅局级

6. 工作年限：

(1) 5 年以下 (2) 5~10 年 (3) 11~15 年 (4) 16~20 年 (5) 21 年以上

7. 工作背景：

(1) 市、县政府部门 (2) 建设规划等城建部门 (3) 税务部门 (4) 金融部门 (5) 其他政府部门

第二部分：地方政府住房政策议程调查问卷

本部分主要调查地方政府住房政策议程构成要素的度量指标，5 表示"非常重要"、4 表示"重要"、3 表示"不清楚"、2 表示"不重要"、1 表示"非常不重要"。请将您所选答案填入对应的数字栏即可。

因变量	三个维度	度量指标	5 非常重要	4 重要	3 不清楚	2 不重要	1 非常不重要
住房政策议程构成要素	问题呈现	1. 经济发展与社会管理指标					
		2. 焦点事件					
		3. 反馈					
		4. 内参					
		5. 新闻					
	方案备选	6. 技术可行性					
		7. 价值可接受性					
	政治动力	8. 核心领导层意志					
		9. 关键部门人员调整					
		10. 公众情绪					
		11. 体制内部门和组织					
		12. 体制外团体和组织					

第三部分：地方政府住房政策议程影响因素调查问卷

本部分主要调查地方政府住房政策议程影响因素的度量指标，5 表示"非常重要"、4 表示"重要"、3 表示"不清楚"、2 表示"不重要"、1 表示"非常不重要"。请将您所选答案填入对应的数字栏即可。

自变量	六个维度	度量指标	5 非常重要	4 重要	3 不清楚	2 不重要	1 非常不重要
住房政策议程构成要素	主体因素	13. 政府					
		14. 经济性利益团体					
		15. 非经济性利益团体					
		16. 专家学者					
		17. 媒体					
		18. 公众					
	社会因素	19. 社会价值观					
		20. 社会自组织合法性					
		21. 社会自组织独立性					
	财政因素	22. 中央及地方住房预算有关支出					
		23. 地方政府财政收入					
	政治因素	24. 权力系统的封闭性					
		25. 体制内外对话主体的平等性					
		26. 体制内外对话平台的完备性					
		27. 体制内外对话机制的顺畅性					
	利益关系	28. 中央—地方利益关系					
		29. 政府—利益集团关系					
		30. 利益集团之间关系					
		31. 领导者个人利益					
	个体因素	32. 体制内政策方案的倡导者					
		33. 体制外政策方案的倡导者					
		34. 城市一把手					
		35. 群体精神领袖					
		36. 政策决策者					

附表1　　住房政策议程构成要素的度量指标及操作性定义

潜变量	度量指标	操作性定义
问题呈现	指标	用来评价某一问题重要性以及该问题变化的指数
	焦点事件	能够导致对于某问题关注的一些重大事件或危机事件
	反馈	目标偏离的执行结果或意外后果
	内参	内部参考读物
	新闻	新近信息的媒介互动
方案备选	技术可行性	政策实行中专业技术领域的可实现性
	价值可接受性	政策共同体内的价值共识
政治动力	核心领导层意志	地方政府领导集体的政策意愿
	关键部门人员调整	重要部门的人事变动
	国民情绪	公共舆论的变化或者广泛的社会运动
	体制内部门和组织	政府内部的其他相关部门和组织
	体制外团体和组织	政府体系之外的其他团体与组织

附表2　　　　　住房政策议程影响因素的度量指标及操作性定义

潜变量	度量指标	操作性定义
主体因素	政府	既包括权力机关也包括权力执行机关
	经济型利益集团	具有内部共同经济利益目标的旨在影响政府政策行为的组织团体
	非经济型利益集团	具有内部共同非经济利益目标的旨在影响政府政策行为的组织团体
	专家学者	特定领域有研究专长的人才
	媒体	用来传播信息的介质
	公众	拥有一国国籍并承担相应权利义务关系的公民群体
社会因素	社会价值观	社会公众对住房价值问题的根本观点和看法
	社会自组织的合法性	社会组织自我建构的实体价值与社会规范价值相匹配
	社会自组织的独立性	社会组织运行的自主性
财政因素	中央及地方住房预算有关支出	中央政府和地方政府关于当地住房建设的相关支出计划
	地方政府财政收入	政府部门在一个财政年度内所取得的货币收入
政治因素	权力系统的封闭性	科层体系内围绕权力的获得、授予、运用与制约的不开放性
	体制内外对话主体的平等性	政府体系内外沟通主体身份地位的一致性或接近性
	体制内外对话平台的完备性	政府体系内外沟通渠道的健全性
	体制内外对话机制的顺畅性	政府体系内外沟通的便捷性和有效性
利益关系	中央—地方利益关系	中央政府与地方政府之间围绕公共事物的责任承担和财政收入的利益分割而形成的政府间关系
	政府—利益集团关系	政府与利益集团之间的合作竞争关系
	利益集团之间关系	处于利益价值链上的不同集团之间的竞争合作关系
	领导者个人利益	既包括物质利益也包括精神层面的荣誉、地位和尊严等
个体因素	体制内政策企业家	政府体系内部政策主张的积极倡导者
	体制外政策企业家	政府体系外部政策主张的积极倡导者
	城市一把手	在政府体系内某一城市的最高领导人
	群体精神领袖	政府体系外部凝聚某一团队成员的具备领袖特质的管理者
	政策决策者	根据法律规定在政府中占决策职位的直接决策者

附录二

甘肃省住房政策议程影响因素的实证分析*

郭晓云　王海东**

1. 研究缘起

住房政策是一个涉及多方利益主体的社会政策领域，社会主体的参与动机强烈，其议程设置对于研究我国公共政策议程具有很强的代表性。目前，尽管关于政策议程和住房政策的理论研究成果较为丰富，但住房政策议程研究仍为薄弱，且我国的政治体制决定了公共政策的制定以中央政府意图为主，因而对政策议程的研究也主要集中在中央政策议程方面。但地方政府作为中央设置于特定行政区域的国家机关，往往根据各地实际情况，承担着中央政策精神的解读、细化、制定和执行功能，其政策议程不仅受到我国根本政治制度的影响同时也受到地方利益主体的身份影响。因此，本文以甘肃省为研究对象、以住房政策议程为研究主题、运用结构方程模型（SEM）实证分析了甘肃省住房政策议程的影响因素。

2. 研究方法

（1）文献研究法。是对与本研究相关的政策议程理论、住房政策理论、

---

* 收稿日期：2016年9月1日。
** 郭晓云（1976— ），女，汉族，山西临汾人，副教授，博士，从事公共管理研究，工作单位为兰州财经大学工商管理学院；王海东（1973— ），男，汉族，副教授，博士，工作单位为兰州财经大学统计学院。

多源流理论进行了文献的回顾、梳理、总结与提炼，为模型构建、问卷设计提供了理论支撑与依据。

（2）访谈法。主要运用于模型构建中对每一个指标都进行了访谈确认，以确保模型构建既有理论依据又有实践考量。

（3）问卷调查法。本研究共使用初测和正式调查两次问卷调查，初测是以预调查方式收集数据以确保问卷的信度和效度，正式调查则是用经过可靠性检验和探索性因子分析修正后的调查问卷进行大样本数据收集。

（4）数据分析方法。本研究主要使用了 SPSS 19.0 统计软件进行量表信度与效度的检验，使用 Stata 统计软件进行结构方程模型的验证性分析。

3. 概念模型构建

目前，我国关于住房政策议程的研究可以划分为两大类，一类是关于住房政策议程内涵的研究，另一类是关于住房政策议程影响因素的研究。本文通过系统梳理已有研究成果的主要观点，结合对甘肃省相关部门的实地访谈，分别构建了住房政策议程内涵和影响因素的测量模型，并就二者之间的关系构建了结构模型。

3.1 住房政策议程内涵的测量模型

政策议程的经典代表理论是美国著名政策科学家和政治学家、密歇根大学政治学系教授约翰·W. 金登提出的多源流理论，多源流理论构建了政策之窗开启的问题源流、政策源流和政治源流三流汇合的理论框架，这三流可被视为政策议程内涵分析的三大维度。为便于理解，本文将这三个维度分别转化为问题感知、方案备选和政治动力。在此基础上，国内外很多学者进行了深入细致的分析研究，本文概括总结了关于住房政策议程内涵的主要观点，详见表1。

表1　　　　　地方政府住房政策议程内涵的相关指标

维度划分	主要观点	代表人物
问题感知	指标、焦点事件、反馈	金登
	内参	陈堂发
方案备选	技术可行性、价值可接受性	金登

续表

维度划分	主要观点	代表人物
政治动力	国民情绪、选举结果、有组织的政治力量、政府内部变更（关键人事的调整、管理权限问题）	金登
	核心领导层意志、关键部门人员调整、国民情绪	于永达、药宁

在理论梳理的基础上，本文对甘肃省住房管理及服务部门进行了实地调查，访谈发现，新闻也是数次被受访者提到的一种问题感知方式，由于媒体信息是政府部门了解社会状况的一个重要渠道，故将新闻也作为一个观测变量；于永达、药宁根据我国国情将金登提出的政治源流主要内容调整为"核心领导层意志"、"关键部门人员调整"和"国民情绪"，除此之外，本文对政治溪流的"有组织的政治力量"这一因素又做了实地考察，调查发现，在我国，"有组织的政治力量"不一定意味着不同的政治派别，党内不同职能部门之间的利益博弈也会构成政治压力，党外的宗教团体等组织也会形成一定的政治压力，因此本文所指"有组织的政治力量"分别指"体制内部门和组织"与"体制外团体和组织"。

综上所述，甘肃省住房政策议程内涵包括三个潜在变量和十二个观测变量，其测量模型如图1所示。

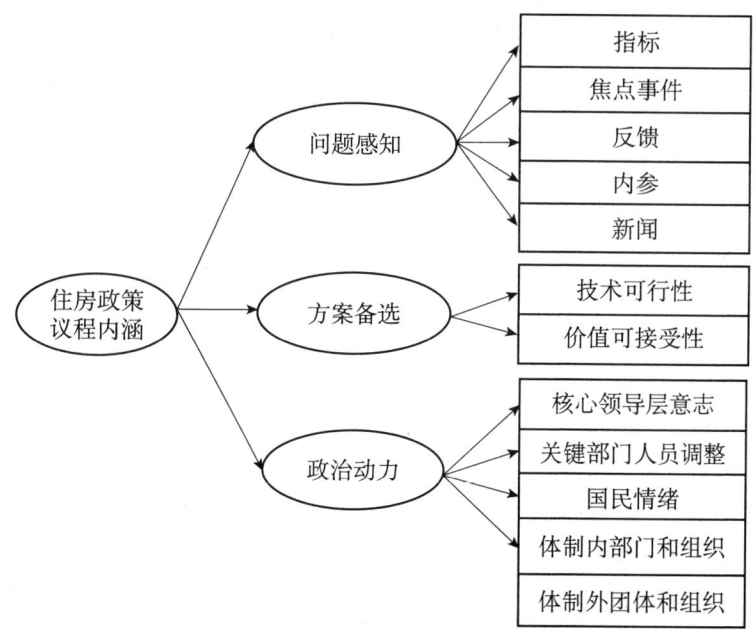

图1 甘肃省住房政策议程内涵的测量模型

3.2 住房政策议程影响因素的测量模型

影响因素是地方政府住房政策议程的外生变量，目前学界对影响因素的分析主要包括六个类别，分别是：主体因素、社会因素、财政因素、政治因素、利益关系和个体因素，详见表2。

表2 　　　　　　　　政策议程影响因素的代表性观点

类别划分	主要观点	代表人物
主体因素	政策参与者：行政当局，国会，利益集团，专家学者，媒体，与选举有关的参与者	金登
	社会公众	拉雷·N. 格斯顿
社会因素	社会价值观	金登 谢泼德和沃斯
	公共舆论	金登
	国家与社会的关系	刘伟
财政因素	预算	金登
	中央—地方关系	鲁全、朱亚鹏等
政治因素	官僚体制	祝小宁、白秀银
	体制内外的对话结构	刘伟
利益关系	中央—地方利益关系	祝小宁、白秀银
	政府—利益集团利益关系	
	领导者个体利益权衡	金登
个体因素	政策企业家	金登
	政治领袖	安德森
	决策者	姜国兵

根据我国实际情况，将主体因素中政策参与者的"与选举有关的参与者"予以剔除；将"行政当局"与"国会"合并为"政府"，这符合我国住房政策制定主体既包括权力机关也包括权力执行机关的现实国情。由此，主体因素的观测变量可暂定为：政府、利益集团、专家学者、媒体和公众这五个变量。其中，关于"利益集团"，程浩等（2003）在对我国利益集团进行分类研究时，根据利益集团目标将其划分为经济型利益集团和非经济型利益集团，其中，经济性利益集团是为了表达某些特定群体的经济利益诉求而专门组建起来的，如

各经济团体、行业协会等；非经济性利益集团的一个突出特点，是它们本身及其成员并不从他们的活动中得到直接的物质利益，而多以维护或实现社会成员的政治或社会权益为宗旨，如公共利益集团就是典型的非经济性利益集团。因此，"利益集团"这一变量又包括"经济性利益集团"和"非经济性利益集团"两个观测变量。综上所述，主体因素的观测变量主要包括"政府"、"经济性利益集团"、"非经济性利益集团"、"专家学者"、"媒体"和"公众"这六个观测变量。

社会因素包括三个变量：社会价值观、公共舆论、国家与社会的关系。本文认为，公共舆论与国民情绪内涵接近，而国民情绪是本文"政治动力"这一构成要素的观测变量，因此此处不再将"公共舆论"列入影响因素的观测变量。刘伟（2008，2015）对"国家与社会关系"的分析中强调社会的自组织水平，而衡量社会自组织水平的主要标志是自组织的合法性和独立性，故本文把"国家与社会的关系"这一变量转化为"社会自组织水平"，而"社会自组织水平"又包括"社会自组织的合法性"和"社会自组织的独立性"两个观测变量。由此，社会因素的观测变量主要包括"社会价值观"、"社会自组织的合法性"与"社会自组织的独立性"这三个观测变量。

财政因素主要涉及"预算"和"中央—地方关系"这两个变量。根据MBA智库百科的定义，财政预算就是由政府编制、经立法机关审批、反映政府一个财政年度内收支状况的计划。因而，可根据主体的不同划分为中央财政预算和地方财政预算。而在访谈调研和问卷初测中发现，由于人们习惯性把财政预算理解为狭义的预算支出，因而把财政预算这一变量具体化为"中央及地方住房预算有关支出"；另外，由于各地经济发展水平不同，地方政府对"土地财政"的依赖性不同，继而影响到土地流转费用及相关成本增加，因而"地方政府财政收入"也构成财政因素的一个观测变量。因此，财政因素的观测变量主要包括："中央及地方住房预算有关支出"和"地方政府财政收入"两个观测变量。

政治因素包括"官僚体制"和"体制内外的对话结构"两个变量，其中，祝小宁、白秀银（2008）在对我国官僚体制的分析中强调由于官僚体制的程序性运转导致权力系统的封闭性继而使政策议程被无意扭曲，因而本文将"官僚体制"这一变量转换为更易观测的"权力系统的封闭性"。关于"体制内外的对话结构"，刘伟（2008）强调，在管制型治理模式下，体制内的行为者由于掌控着权力资源和信息资源因而在与体制外行为者的对话结构中居于主导地位，因而双方在政策形成过程中的利益竞争与博弈能力也是不对等的。由此，"体制内外的对话结构"特指政府体系内外的沟通方式与沟通机制，这一变量可借由对话主体的平等性、对话平台的完备性和对话机制的顺畅性这三个指标予以测量。因此，政治因素的观测变量主要包括："权力系统的封闭性"、"体制内外对话主体的平等性"、"体制内外对话平台的完备性"和"体制内外对话机制的顺畅性"四个观测变量。

利益关系这一因素包括三个变量：中央—地方利益关系、政府—利益集团利益关系、领导者个人利益，这三个变量清晰且容易观测，故保留这三个变量作为观测变量。同时，在访谈调查中，部分行政官员格外强调了利益集团之间的关系，譬如房地产企业之间及其与银行之间的种种问题与冲突也往往会给住房政策议程造成影响。因此，增加了"利益集团之间的关系"这一观测变量，从而形成了"中央—地方利益关系"、"政府—利益集团利益关系"、"利益集团之间的关系"和"领导者个人利益"四个观测变量。

个体因素包括"政策企业家"、"政治领袖"和"政策决策者"三个变量，美国学者 Nicholson-Crotty 和 Kenneth Meier（2005）将政策企业家划分为道德企业家和政治企业家，道德企业家主要是一些非政府组织或个人，他们进行积极的政策建议、价值引导或社会救助，政治企业家主要是政府部门，他们能敦促政策问题向政策议题的转化。根据上述分析，本文为便于观察，将政策企业家划分为体制内政策企业家与体制外政策企业家。政治领袖这一变量在预调查中发现容易被误解，受访者极易把"政治领袖"理解为国家党政一把手，后又根据对房管局、执法局和社区部分工作人员的访谈结果将这一变量转换为住房政策领域的"城市一把手"和"群体精神领袖"。由此便形成"体制内政策企业家"、"体制外政策企业家"、"政策决策者"、"城市一把手"与"群体精神领袖"五个观测变量。

综上所述，甘肃省住房政策议程影响因素的测量模型如图2所示。

3.3 甘肃省住房政策议程的概念结构模型

根据上述构建的两个测量模型之间的关系，本文构建了甘肃省住房政策议程的结构模型，如图3所示。

附录二 甘肃省住房政策议程影响因素的实证分析 135

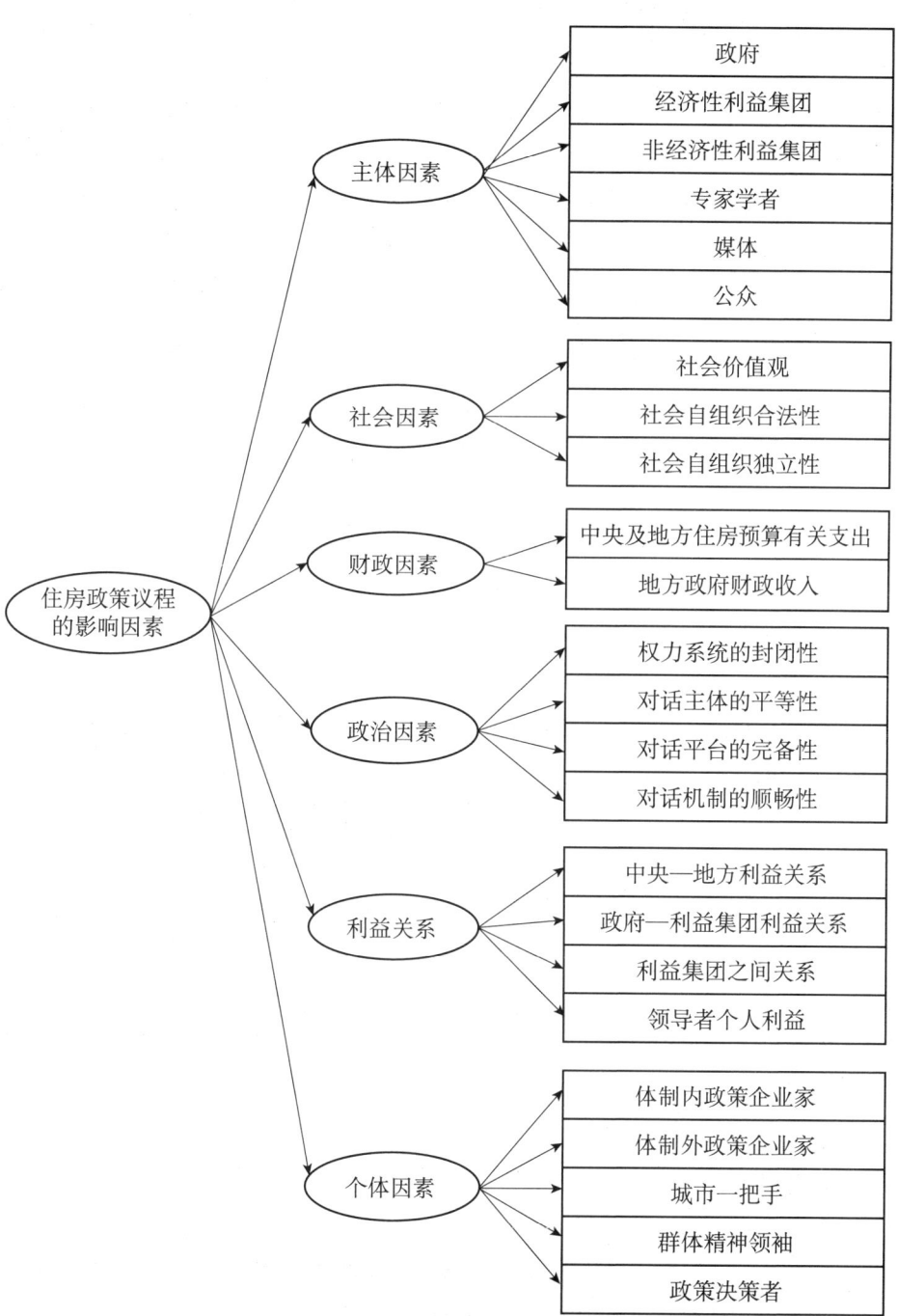

图2 甘肃省住房政策议程影响因素测量模型

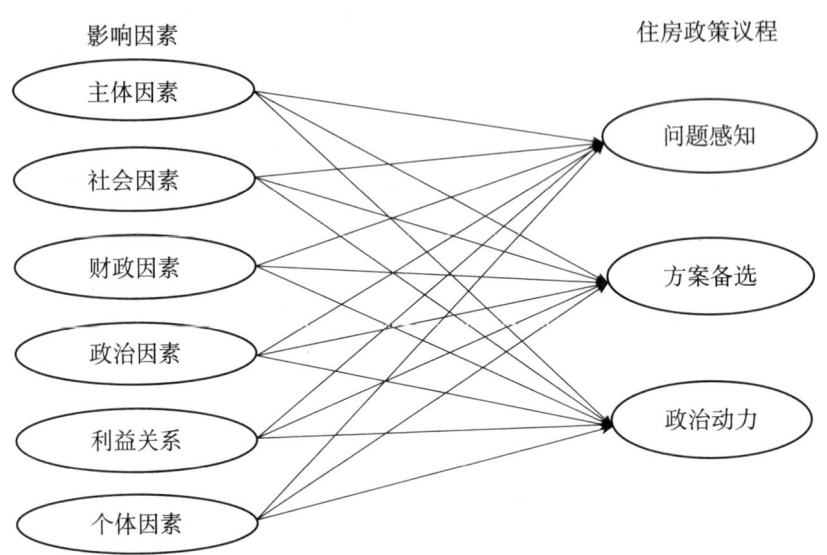

图 3　地方政府住房政策议程概念结构模型

4. 研究假设提出

根据本文所构建的地方政府住房政策议程概念结构模型，下面将分别对这六类影响因素对住房政策议程的影响提出研究假设。

假设 1：主体因素直接正向影响地方政府住房政策议程。

　　假设 1－1：主体因素直接正向影响地方政府住房政策议程问题感知。

　　假设 1－2：主体因素直接正向影响地方政府住房政策议程方案备选。

　　假设 1－3：主体因素直接正向影响地方政府住房政策议程政治动力。

假设 2：社会因素直接正向影响地方政府住房政策议程。

　　假设 2－1：社会因素直接正向影响地方政府住房政策议程问题感知。

　　假设 2－2：社会因素直接正向影响地方政府住房政策议程方案备选。

　　假设 2－3：社会因素直接正向影响地方政府住房政策议程政治动力。

假设 3：财政因素直接正向影响地方政府住房政策议程。

　　假设 3－1：财政因素直接正向影响地方政府住房政策议程问题感知。

　　假设 3－2：财政因素直接正向影响地方政府住房政策议程方案备选。

　　假设 3－3：财政因素直接正向影响地方政府住房政策议程政治动力。

假设 4：政治因素直接正向影响地方政府住房政策议程。

　　假设 4－1：政治因素直接正向影响地方政府住房政策议程问题感知。

假设4-2：政治因素直接正向影响地方政府住房政策议程方案备选。

假设4-3：政治因素直接正向影响地方政府住房政策议程政治动力。

假设5：利益关系直接正向影响地方政府住房政策议程。

假设5-1：利益关系直接正向影响地方政府住房政策议程问题感知。

假设5-2：利益关系直接正向影响地方政府住房政策议程方案备选。

假设5-3：利益关系直接正向影响地方政府住房政策议程政治动力。

假设6：个体因素直接正向影响地方政府住房政策议程。

假设6-1：个体因素直接正向影响地方政府住房政策议程问题感知。

假设6-2：个体因素直接正向影响地方政府住房政策议程方案备选。

假设6-3：个体因素直接正向影响地方政府住房政策议程政治动力。

5. 变量测量、问卷设计与数据收集

根据上述概念模型和研究假设，甘肃省住房政策议程形成了9个潜变量、18个假设的结构方程模型，在此基础上本文对变量测量进行操作性定义说明、编制原始调查问卷，并进行数据收集。

5.1 变量测量

在本文的模型构建中，共计出现了9个潜变量和36个观测变量，这36个观测变量构成了问卷设计的主要度量指标，下面分别对住房政策议程内涵与影响因素的度量指标进行操作性定义说明，详见表3和表4。

表3　　　　　　住房政策议程内涵的度量指标及操作性定义

潜变量	度量指标	操作性定义
问题感知	指标	用来评价某一问题重要性以及该问题变化的指数
	焦点事件	能够导致对于某问题关注的一些重大事件或危机事件
	反馈	目标偏离的执行结果或意外后果
	内参	内部参考读物
	新闻	新近信息的媒介互动
方案备选	技术可行性	政策实行中专业技术领域的可实现性
	价值可接受性	政策共同体内的价值共识
政治动力	核心领导层意志	地方政府领导集体的政策意愿
	关键部门人员调整	重要部门的人事变动
	国民情绪	公共舆论的变化或者广泛的社会运动
	体制内部门和组织	政府内部的其他相关部门和组织
	体制外团体和组织	政府体系之外的其他团体与组织

表4　　住房政策议程影响因素的度量指标及操作性定义

潜变量	度量指标	操作性定义
主体因素	政府	既包括权力机关也包括权力执行机关
	经济型利益集团	具有内部共同经济利益目标的旨在影响政府政策行为的组织团体
	非经济型利益集团	具有内部共同非经济利益目标的旨在影响政府政策行为的组织团体
	专家学者	特定领域有研究专长的人才
	媒体	用来传播信息的介质
	公众	拥有一国国籍并承担相应权利义务关系的公民群体
社会因素	社会价值观	社会公众对住房价值问题的根本观点和看法
	社会自组织的合法性	社会组织自我建构的实体价值与社会规范价值相匹配
	社会自组织的独立性	社会组织运行的自主性
财政因素	中央及地方住房预算有关支出	中央政府和地方政府关于当地住房建设的相关支出计划
	地方政府财政收入	政府部门在一个财政年度内所取得的货币收入
政治因素	权力系统的封闭性	科层体系内围绕权力的获得、授予、运用与制约的不开放性
	体制内外对话主体的平等性	政府体系内外沟通主体身份地位的一致性或接近性
	体制内外对话平台的完备性	政府体系内外沟通渠道的健全性
	体制内外对话机制的顺畅性	政府体系内外沟通的便捷性和有效性
利益关系	中央—地方利益关系	中央政府与地方政府之间围绕公共事物的责任承担和财政收入的利益分割而形成的政府间关系
	政府—利益集团关系	政府与利益集团之间的合作竞争关系
	利益集团之间关系	处于利益价值链上的不同集团之间的竞争合作关系
	领导者个人利益	既包括物质利益也包括精神层面的荣誉、地位和尊严等
个体因素	体制内政策企业家	政府体系内部政策主张的积极倡导者
	体制外政策企业家	政府体系外部政策主张的积极倡导者
	城市一把手	在政府体系内某一城市的最高领导人
	群体精神领袖	政府体系外部凝聚某一团队成员的具备领袖特质的管理者
	政策决策者	根据法律规定在政府中占决策职位的直接决策者

5.2 问卷设计

本研究所使用的调查问卷，其主体内容包括两大部分：一是地方政府住房政策议程内涵的调查问卷，二是地方政府住房政策议程影响因素的调查问卷。第一部分住房政策议程内涵的调查问卷中共有 12 个测量题项，第二部分影响因素的调查问卷中共有 24 个测量题项，为便于后期数据处理，将 9 个潜变量分别用 L1~L9 标识，将 36 个观测变量分别用 Q1~Q36 标识，测量题项内容见表 5 和表 6。问卷主体内容采用李克特（Likert）5 级量表进行调查，即用 1~5 的 5 个数字表示受试者对某一题项重要性的评价程度，5 表示"非常重要"、4 表示"重要"、3 表示"不清楚"、2 表示"不重要"、1 表示"非常不重要"。

表 5　　　　　　　住房政策议程内涵的问卷设计内容

潜变量	度量指标	编号
问题感知 （L1）	经济发展与社会管理指标	Q1
	焦点事件	Q2
	反馈	Q3
	内参	Q4
	新闻	Q5
方案备选 （L2）	技术可行性	Q6
	价值可接受性	Q7
政治动力 （L3）	核心领导层意志	Q8
	关键部门人员调整	Q9
	国民情绪	Q10
	体制内部门和组织	Q11
	体制外团体和组织	Q12

表 6　　　　　　　住房政策议程影响因素的问卷设计内容

潜变量	度量指标	编号及代码
主体因素 （L4）	政府	Q13
	经济型利益集团	Q14
	非经济型利益集团	Q15
	专家学者	Q16
	媒体	Q17
	公众	Q18
社会因素 （L5）	社会价值观	Q19
	社会自组织的合法性	Q20
	社会自组织的独立性	Q21

续表

潜变量	度量指标	编号及代码
财政因素 (L6)	中央及地方住房预算有关支出	Q22
	地方政府财政收入	Q23
政治因素 (L7)	权力系统的封闭性	Q24
	体制内外对话主体的平等性	Q25
	体制内外对话平台的完备性	Q26
	体制内外对话机制的顺畅性	Q27
利益关系 (L8)	中央—地方利益关系	Q28
	政府—利益集团关系	Q29
	利益集团之间关系	Q30
	领导者个人利益	Q31
个体因素 (L9)	体制内政策方案的倡导者	Q32
	体制外政策方案的倡导者	Q33
	城市一把手	Q34
	群体精神领袖	Q35
	政策决策者	Q36

5.3 数据收集

本文首先选取了甘肃省兰州市两个住房管理部门的工作人员进行了预调研，总共发放问卷120份，回收113份，回收率达到94%，其中有效问卷104份，有效问卷回收率达到86.7%。本文对初测问卷使用统计工具SPSS 19.0进行问卷信度与效度的检验，结果显示，预调查数据具有较高的信度，各个题项之间的内部一致性也完全符合要求，根据因子分析法所提取的六个主成分与相关变量的关联度完全符合本文的理论建构。

在正式调查中，本文选取了甘肃省人口超过200万人的兰州市、天水市和庆阳市、人口处于100万~200万人的白银市、酒泉市和武威市作为本次研究的样本地区，以住房管理与服务的相关政府部门工作人员为调查对象，具体包括：市、县政府部门，建设规划等城建部门，税务部门，金融部门，国土发改等其他政府部门。本研究总共发放问卷450份，回收412份，剔除答案选项空缺较多以及答案高度一致性等无效问卷，共计回收378份有效问卷，有效回收率达到84%。本文主要运用了结构方程模型进行了数据的分析和假设的验证。

6. 研究结论

本文首先对正式调查的数据信息再次进行了可靠性检验，接着对甘肃省住房政策议程的结构方程模型进行了参数估计和拟合度检验，假设检验结果如表7所示。

表7　　　　　　　　　　　假设检验结果

变量关系	P值	相应假设	检验结果
主体因素——问题感知	0.012	假设1-1	通过
主体因素——方案备选	0.499	假设1-2	未通过
主体因素——政治动力	0.043	假设1-3	通过
社会因素——问题感知	0.303	假设2-1	未通过
社会因素——方案备选	0.005	假设2-2	通过
社会因素——政治动力	0.096	假设2-3	未通过
财政因素——问题感知	0.000	假设3-1	通过
财政因素——方案备选	0.000	假设3-2	通过
财政因素——政治动力	0.000	假设3-3	通过
政治因素——问题感知	0.478	假设4-1	未通过
政治因素——方案备选	0.898	假设4-2	未通过
政治因素——政治动力	0.413	假设4-3	未通过
利益关系——问题感知	0.230	假设5-1	未通过
利益关系——方案备选	0.518	假设5-2	未通过
利益关系——政治动力	0.100	假设5-3	未通过
个体因素——问题感知	0.409	假设6-1	未通过
个体因素——方案备选	0.126	假设6-1	未通过
个体因素——政治动力	0.734	假设6-1	未通过

当被估计参数系数在5%显著性水平的条件下，即当P值小于0.05时，则拒绝原假说。根据表7可知，假设1-1、假设1-3、假设2-2、假设3-1、假设3-2、假设3-3均通过检验，而其他假设都未通过。也就是说，在对影响因素的验证中，通过验证的是三类影响因素，分别是："主体因素"、"社会因素"和"财政因素"，而主体因素对地方政府住房政策议程的影响主要通过"主体因素——问题感知"和"主体因素——政治动力"的相关性呈现，社会因素对地方政府住房政策议程的影响主要通过"社会因素——方案备选"的相关性呈现，财政因素对地方政府住房政策议程的影响主要通过"财政因素——问题感知"、"财政因素——方案备选"和"财政因素——政治动力"

的相关性呈现。而"政治因素"、"利益关系"和"个体因素"均没有呈现出与地方政府住房政策议程的显著相关性,表明这三类因素没有直接影响地方政府住房政策议程,下面分别对这三类未相关因素做以说明。

政治因素:由于本文首先采用了美国政治学家戴维·伊斯顿提出的"政治是对于社会价值物的权威性分配的决策活动"的概念界定,根据这一定义,政治因素的作用发挥将基于两个基础条件:一是政治权力的完全占有,这是权威性分配的前提条件;二是社会价值物的认定、处置及分配归政治权力拥有者。与这两个条件相对应,我国地方政府的现实状况是:第一,地方政府的政治权力完全来自于上级政府的授予,上级政府可根据情境的转换授予、限制和剥夺地方政府权力,因此我国地方政府的政治权力获得是委托式而不是占有式;第二,由于地方政府的政治权力是委托式获得,因此上级政府会经常干预下级政府地方事务,尤其是涉及高社会价值物的分配时,地方政府行为会受到极大掣肘,在住房政策相关领域,这突出地表现为地方政府的土地政策职能权力被上级政府收回或强干预。因此,在我国行政体系的五级划分中,越是基层地方政府,其政治权力的自主性越小,由于不具备完全的政治主体身份,因此,政治因素不构成地方政府住房政策议程的影响因素。

利益关系:在本文中利益关系被明确界定为围绕着物质利益占有所发生的人与人之间或群体与群体之间的经济关系,而"中央—地方利益关系"、"政府—利益集团利益关系"、"利益集团之间关系"和"领导者个人利益"构成的这四个观测变量中,中央与地方并不是平等的利益主体关系,而是上级政府与下级政府之间的隶属关系,其间的利益分配可充分地在财政因素中予以体现;而地方政府与利益集团之间也并不构成平等的利益主体关系,在住房产业链中,最稀缺的资源是土地,土地的所有权和处置权归政府所有,而地方政府对土地财政的依赖,使得土地出让价格连年攀升,但住房产业链的其他利益主体对此却毫无办法,不仅如此,即便其他利益主体的利益由于政府因素受到一定侵害,也会因为地方政府的政治权威性而选择利益割舍和政治退让;利益集团之间的关系既竞争又合作,但不管关系如何紧张、矛盾如何激化,这些利益主体都会巧妙地将其控制在一定的范围之内,既不会将其扩大化为一个社会问题,也不能将其上升为一定程度的政治压力;至于领导者个人利益,无论领导者出于何种个人动机来影响政策议程,但由于政策议程参与主体的逐步广泛性、过程的相对公开性,领导者只有将个人利益与群体利益捆绑在一起才有可能实现,而领导者作为理性个体,会综合考虑长远利益与眼前利益、群体利益与个体利益，那种谋群体利益而担个人风险的利益行为显然会被理性领导者摒弃。

个体因素：在本文中个体因素被界定为由单个自然人所引起的对住房政策议程产生影响的外生变量，并建构了"体制内政策企业家"、"体制外政策企业家"、"政策决策者"、"城市一把手"与"群体精神领袖"五个观测变量。在现实考量中，体制内政策企业家可能是某一政策的积极推动者，但身处行政体系之内，这类政策企业家更能审时度势，他们更多地是响应上级政府的号召或指示，力推某一政策的出台或终止。体制外政策企业家往往是在权力体系之外，他们通常以道德企业家的身份引起社会公众关注某些社会现象，但由于我国新闻媒体的政治管控、地方政府对群体性事件的高度关注，体制外政策企业家的影响范围和影响力度都受到不同程度的约束。政策决策者在本文中采用狭义定义，是指根据法律在政府职位中占决策职位的负责人，他们具有法定的政策制定权力，参与政策制定的全过程；尽管政策决策者享有政策制定权力，但公共政策是公共权威部门的意志表达，政策决策者只是决策机构的法定代表，其决策行为有严密的组织程序予以保障，因此政策决策者的个人意志对政策议程的推动或阻碍影响甚微。城市一把手是指某一城市最高领导人，他拥有实际上的人事权、经营管理权、财务管理权和职务、薪资调动权，从理论上说，城市一把手拥有对政策议程的直接影响力，但在住房政策议程的实证调查中发现，城市一把手的行政作为空间也非常有限，例如，由于资金所限，在旧城改造、城市化建设中的拆迁工作举步维艰；由于政府换届，前任或前几任政府的政策遗留问题难以解决；由于新媒体的发展和社会力量的逐步增强，政府行为的社会关注度上升，舆论压力普遍增大；由于政绩考核和社会舆论，政府行为不创新，工作难以有突破，政府行为若有所创新，社会只认可创新成就不接受创新成本，而一旦政策目标没有达成，城市一把手将面临巨大的政治风险和压力。群体精神领袖在本文中特指政府体系外部通过个人魅力凝聚某一团队成员的具备领袖特质的管理者，在实证考察中发现，这样的精神领袖的确存在，但他们的作用力只限于该群体的利益问题，通过精神领袖的领导，该群体能获取与相关利益主体博弈的资格，从而维护或改善该群体的有关权益；群体利益问题的解决是他们的核心目标，他们并没有推动政策议程的意愿、努力和能力，因此，无论是精神领袖还是群体本身都不构成对政策议程的影响。

参考文献

[1] Bian Y., Logan J. R., Lu H., Pan Y., Guan Y.. Work Units and Commodification of Housing [J]. Sociological Research, 1996, 1: 28-35.

[2] Cohen M. D., March J. G., Olsen J. P.. A Garbage Can Model of Organizational Choice [J]. Administrative Science Quarterly, 1972, 17 (1): 1-25.

[3] Downs A. Up and Down with Ecology: the Issue-Attention Cycle [J]. The Public Interest, 1972, 28: 38-50.

[4] David Easton. The Political System [M]. New York: Kropf, 1953: 129.

[5] Douglas Cater. Power in Washington [M]. New York: Random House, 1964: 17.

[6] Grant Jordan. Sub-government, policy communities and networks: refilling the old bottle? [J]. Journal of Theoretical Politics, 1990 (2).

[7] Hugh Heclo, "Issue networks and the executive establishment", in A. King (ed.) The New American Political System. Washington, DC: AEI, 1978: 102.

[8] J. Leiper Freeman. The political process [M]. New York: Random House, 1965: 6.

[9] J. P. Gilford. Psychometric Methods [M]. 2nd. New York, NY: McGraw-Hill, 1954.

[10] Lee J. From Welfare Housing to Home Ownership: The Dilemma of China's Housing Reform [J]. Housing Studies, 2000, 15 (1): 61-76.

[11] Logan J. R., Bian Y., Bian F.. Housing Inequality in Urban China in the 1990s [J]. International Journal of Urban and Regional Research, 1999, 23 (1): 7-25.

[12] Nicholson-Crotty Sean, Kenneth Meier. From Perception to Public Policy: Translating Social Constructions into Policy Designs [A]. Anne Schneider, Helen Ingram. In Deserving and Entitled: Social Constructions and Public Policy, ed. Albany [C]. NY: SUNY Press, 2005: 223-242.

［13］Randall Ripley, Grace Franklin. Congress, the bureaucracy and public policy［M］. Dorsey Press, 1984: 10.

［14］Roger Cobb, Jennie-Keith Ross, Marc Howard Ross. Agenda Building as a Comparative Political Process［J］. The American Political Science Review, 1976, 70 (1): 126–138.

［15］Roger W. Cobb, Charles D. Elder. Participation in American Politics: the Dynamics of Agenda-Building［M］. Baltimore: John Hopinks University Press, 1972: 22.

［16］Schneider Anne, Helen Ingram. Policy Design for Democracy［M］. Lawrence, KS: University Press of Kansas, 1997: 134.

［17］Thomas A. Birkland. An Introduction to Policy Process: Theories, Concepts, and Models of Public Policy Marketing［M］. New York: M. E. Sharpe, Inc., 2001: 106.

［18］Wang Y. P.. Housing Reform and Its Impacts on the Urban Poor in China［J］. Housing Studies, 2000, 15 (6): 845–864.

［19］Zhu J.. The Changing Mode of Housing Provision in Transitional China［J］. Urban Affaires Review, 2000, 35 (4): 502–519.

［20］Zhang X. Q.. The restructuring of the housing finance system in urban China［J］. Cities, 2000, 17 (5): 339–348.

［21］艾医卫,彭福清. 社会问题进入政策议程的途径探析［J］. 天津行政学院学报, 2001 (11): 30–33.

［22］柏必成. 改革开放以来我国住房政策变迁的动力分析——以多源流理论为视角［J］. 公共管理学报, 2010 (4): 76–85.

［23］陈映芳. 贫困群体利益表达渠道调查［J］. 战略与管理, 2003 (6).

［24］陈堂发. 政策议题建构中的新闻报道作用分析［J］. 南京社会科学, 2008 (4): 95–101.

［25］陈姣娥,王国华. 网络时代政策议程设置机制研究［J］. 中国行政管理, 2013 (1): 28–33.

［26］陈庆云. 关于"利益政策学"的思考［J］. 北京行政学院学报, 2000 (1): 11–12.

［27］陈水生,黄颖. 隐蔽议程形成机制中的利益集团和政治精英［J］.

南京社会科学，2009（3）：77-81.

[28] 陈杰．中国住房公积金的制度困境与改革出路分析［J］．公共行政评论，2010（3）：91-119.

[29] 陈杰．制度经济学视角下的中国住房制度变迁分析［J］．社会科学辑刊，2010（6）：104-108.

[30] 陈响园．“新闻是新近信息的媒介互动"——试论新媒体传播背景下"新闻"的定义［J］．编辑之友，2013（11）：45-49.

[31] 陈强，尤建新．"公众"内涵辨析与公众满意战略［J］．上海管理科学，2006（2）：14-16.

[32] 范俊兵．公共政策制定——利益集团之间的博弈［J］．沿海企业与科技，2008（3）：46-48.

[33] 宫月．网络民意输入机制——政策议程设置的一种外输入机制解读［J］．学理论，2015（9）：11-12.

[34] 龚小波．我国利益集团对公共政策议程的消极影响及对策研究［J］．求索，2014（12）：25-29.

[35] 龚雯．"中国最高智库"将保持独立不会为赞助商代言［N］．人民日报，2009-06-18.

[36] 何华兵．中国公共政策的公众议程设置模式的探讨［J］．甘肃行政学院学报，2008（1）：87-89.

[37] 胡平仁．政策问题与政策议题［J］．湘潭大学社会科学学报，2001（1）：110.

[38] 韩志明．利益表达、资源动员与议程设置——对于"闹大"现象的描述性分析［J］．公共管理学报，2011（4）：52-66.

[39] 韩志明．公民抗争行动与治理体系的碎片化——对于闹大现象的描述与解释［J］．人文杂志，2012（3）：163-171.

[40] 黄三生．国内关于社会主义核心价值观概念的研究综述［J］．华东交通大学学报，2012（12）：96-101.

[41] 金艳荣．利害相关者参与公共决策：类型、过程与实现途径［J］．理论探讨，2014（1）：154-157.

[42] 接家东．中国中产阶级社会地位认同的消费社会学分析——以城市个人住房消费为例［D］．长春：吉林大学，2006.

[43] 姜国兵．公共政策议程的设定机制探究［J］．江南社会学院学报，

2009（3）：67-70.

［44］李丹林. 媒介融合时代传媒管制问题的思考——基于公共利益原则的思考［J］. 现代传播（中国传媒大学学报），2012（5）：10-14.

［45］李秀义. 社会治理体制改革创新中政府与社会关系的发展路径探析——基于国内基层管理创新的典型模式分析［J］. 中南大学学报（社会科学版），2014（4）：159-165.

［46］罗杰·W. 科布. 比较政治过程的议程制定［J］. 美国政治学评论，1976（70）：126-138.

［47］刘伟. 国家治理视域下我国社会自组织状况再考察［J］. 学习与实践，2015（4）：74-81.

［48］刘伟，黄健荣. 当代中国政策议程创建模式嬗变分析［J］. 公共管理学报，2008（7）：30-40.

［49］刘伟. 政策议程创建过程的主体分析［J］. 广东行政学院学报，2010（12）：5-9.

［50］刘伟. 政策议程创建的基本类型：内涵、过程与效度的一般分析［J］. 理论与现代化，2011（1）：43-51.

［51］刘伟. 政策议程创建模式转型与政府治理能力提升［J］. 改革，2008（8）：139-144.

［52］刘伟. 论我国政策议程设置模式的演进与优化［J］. 江苏行政学院学报，2012（5）：106-112.

［53］刘启元，叶鹰. 文献题录信息挖掘技术方法及其软件SATI的实现——以中外图书情报学为例［J］. 信息资源管理学报，2012（1）.

［54］刘明厚. 论多元社会的共识基础——兼论我国和谐社会的共识建设［J］. 理论与改革，2011（2）：5-8.

［55］刘倩. 公共政策问题确认中政府行为研究的前在预设［J］. 西北农林科技大学学报（社会科学版），2011（1）：94-98.

［56］刘洪波. 房价翻动了城市青年的婚恋奶酪［J］. 中国青年研究，2008（4）：8-10.

［57］刘志林. 低收入住房政策模式选择的中央—地方差异——基于网络分析法的决策模型分析［J］. 城市与区域规划研究，2009（2）：48-67.

［58］鲁先锋. "权力距"视野下的政策议程设置研究［J］. 上海行政学院学报，2012（3）：69-75.

[59] 鲁全. 基于中央地方关系的养老保险政策议程模式研究 [J]. 中国人民大学学报, 2011 (3): 113-119.

[60] 陆定一. 我们对新闻学的基本观点 [N]. 解放日报, 1943-09-01.

[61] 闵学勤. 空间拜物: 城市青年住房消费的仪式化倾向 [J]. 中国青年研究, 2011 (1): 36-40.

[62] 闵学勤. 社会分层下的居住逻辑及其中国实践 [J]. 开放时代, 2012 (1): 110-118.

[63] 闵学勤. 行动者的逻辑——公众参与的阶层化与结构化研究 [J]. 江苏社会科学, 2013 (4): 47-53.

[64] 沙奇志. 政府公共政策制定中的公共利益与公众参与 [J]. 江淮论坛, 2011 (1): 49-53.

[65] 孙萍, 许阳. 我国"政策问题界定"公共性取向的现实偏离 [J]. 行政论坛, 2013 (1): 52-57.

[66] 孙秀林, 周飞舟. 土地财政与分税制: 一个实证解释 [J]. 中国社会科学, 2013 (4): 40-59.

[67] 施雪华, 曹胜, 汤静容. 新中国政治发展的主要教训与未来走向 [J]. 社会科学研究, 2012 (1).

[68] 谭羚雁, 娄成武. 保障性住房政策过程的中央与地方政府关系——政策网络理论的分析与应用 [J]. 公共管理学报, 2012 (1): 52-63.

[69] 王绍光. 中国公共政策议程设置的模式 [J]. 中国社会科学, 2006 (5): 86-99.

[70] 王春福. 论公共政策议程的协同回应模式——以温州金融体制综合改革试验区议程为例 [J]. 浙江社会科学, 2013 (7): 60-65.

[71] 王雄军. 焦点事件与政策间断——以《人民日报》的公共卫生政策议题变迁为例 [J]. 社会科学, 2009 (1): 45-50.

[72] 王晓华. 媒体议题与公众议题基于议程设置理论的实证研究 [J]. 新闻与传播研究, 2008 (5): 32-36.

[73] 王晓华. 大众传播、人际传播及直接经验的议程设置与涵化效果——以深圳的社会治安议题为例 [J]. 新闻与传播研究, 2009 (3): 50-59.

[74] 王晓华. 报料人参与媒体议程设置情况的实证研究 [J]. 新闻与传播研究, 2010 (3): 28-34.

[75] 王宁, 张杨波. 住房获得与融资方式 [J]. 广东社会科学, 2008

(1): 164-170.

[76] 王锡锌,章永乐. 专家、大众与知识的运用——行政规则制定过程中的一个分析框架 [J]. 中国社会科学, 2003 (3): 113-127.

[77] 韦长伟. "问题化"逻辑:弱势群体抗争行动的一种解释 [J]. 理论与改革, 2011 (5): 97-100.

[78] 武中哲. 制度变迁的交互作用及其分层效应——基于单位制度和住房制度改革的分析 [J]. 社会科学, 2010 (1): 71-77.

[79] 徐增辉,刘志光. 政策议程设置的途径分析 [J]. 学术研究, 2009 (8): 60-65.

[80] 薛澜,陈玲. 中国公共政策过程的研究:西方学者的视角及其启示 [J]. 中国行政管理, 2005 (7): 99-103.

[81] 向玉琼. 政策问题建构线性模式及其解构 [J]. 江苏行政学院学报, 2012 (3): 111-116.

[82] 向玉琼. 政策"不决策"及其合作治理 [J]. 学术论坛, 2012 (1): 56-61.

[83] 向玉琼. 论地方政策供给意愿的形成与变更 [J]. 长白学刊, 2008 (6): 32-37.

[84] 谢惠媛. 论政治领袖的公共示范效应 [J]. 伦理学研究, 2010 (9): 84-88.

[85] 杨志勇. 分税制改革中的中央和地方事权划分研究 [J]. 经济社会体制比较, 2015 (3): 21-31.

[86] 杨思文. 公共政策议程中的传媒模式及存在的问题探析 [J]. 东南传播, 2012 (12): 83-85

[87] 于永达,药宁. 政策议程设置的分析框架探索——兼论本轮国务院机构改革的动因 [J]. 中国行政管理, 2013 (7): 27-31.

[88] 战建华. 中国的政策议程分析——以公众议程为视角 [J]. 经济与社会发展, 2009 (1): 69-71.

[89] 张小明. 内部输入:解读当代中国公共政策制定的输入机制 [J]. 宁夏社会科学, 2000 (5): 21-25.

[90] 张耀仁. 跨媒体议题设定之探析:整合次领域研究的观点 [J]. 传播与管理研究, 2005 (2): 74-127.

[91] 张海柱. 政策议程设置中的社会建构逻辑——对"农村义务教育学

生营养改善计划"的分析 [J]. 学术论坛, 2013 (3): 174-180.

[92] 张康之, 向玉琼. 政策问题建构中"议题网络"的生成 [J]. 江苏社会科学, 2015 (1): 52-60.

[93] 张康之, 向玉琼. 政策分析语境中的政策问题建构 [J]. 东南学术, 2015 (1): 28-37.

[94] 张康之, 向玉琼. 政策问题建构专业化对民主政治的影响 [J]. 浙江学刊, 2014 (1): 60-70.

[95] 张康之, 向玉琼. 政策问题建构权演进的历史轨迹 [J]. 西北师大学报 (社会科学版), 2014 (4): 5-15.

[96] 周甜甜. 浅析政府在房地产问题界定中的误区及其应然态度——基于公共政策问题界定视角的分析 [J]. 经济研究导刊, 2012 (9): 131-138.

[97] 张杨波. 住房转型过程中的国家、市场与社会——一项基于广州地区案例的考察 [J]. 兰州大学学报 (社会科学版), 2010 (7): 114-122.

[98] 周颖, 颜昌武. 焦点事件对议程设置的影响研究——以《校车安全管理条例》的出台为例 [J]. 广东行政学院学报, 2015 (4): 34-39.

[99] 郑海明, 丁雷. 社会转型期弱势群体的利益表达机制探析 [J]. 山东社会科学, 2007 (2): 155-158.

[100] 章绍甫, 邱新有. 农村社会情绪难以进入政策议程的原因分析 [J]. 国家行政学院学报, 2007 (2): 41-44.

[101] 朱亚鹏. 住房货币化改革与社会公平——贵阳房改个案研究 [J]. 武汉大学学报 (哲学社会科学版), 2006 (9): 661-668.

[102] 朱亚鹏. 中国住房领域的问题与出路: 政策网络的视角 [J]. 武汉大学学报 (哲学社会科学版), 2008 (5): 345-350.

[103] 朱亚鹏. 住房货币化改革与社会公平——贵阳房改个案研究 [J]. 武汉大学学报 (哲学社会科学版), 2006 (9): 661-668.

[104] 朱亚鹏. 我国房地产调控中的问责困境 [J]. 学术研究, 2012 (12): 50-54.

[105] 朱亚鹏, 肖棣文. 谁在影响中国的媒体议程: 基于两份报纸报道立场的分析 [J]. 公共行政评论, 2012 (4): 121-144.

[106] 张丽凤. 中国城镇住房制度变迁中的"政府行为目标悖论" [J]. 辽宁工业大学学报 (社会科学版), 2011 (12): 41-43.

[107] 张汉, 张登国. 从社会心理学视角探讨中国城市"房奴"现象

[J]．河北科技大学学报（社会科学版），2007（2）：33-37．

[108] 郑永年．强政府和强社会 [J]．浙江人大，2011（9）：21．

[109] 祝小宁，白秀银．公共政策议程被扭曲的原因分析及对策研究 [J]．电子科技大学学报（社科版），2008（1）：49-52．

[110] 张宇，张晨，蔡万焕．中国经济模式的政治经济学分析 [J]．中国社会科学，2011（3）．

[111] 张耀仁．跨媒体议题设定之探析：整合次领域研究的观点 [J]．传播与管理研究，2005（2）：74-127．

[112] 张哲．浅析中国特色的"党管干部"制度 [J]．哈尔滨市委党校学报，2010（5）：64-66．

[113] 张海柱．政策议程设置中的社会建构逻辑——对"农村义务教育学生营养改善计划"的分析 [J]．学术论坛，2013（3）：174-180．

[114] 章绍甫，邱新有．农村社会情绪难以进入政策议程的原因分析 [J]．国家行政学院学报，2007（2）：41-44．

著作类：

[115] [美] 安德森．公共决策 [M]．北京：华夏出版社，1988：72-75．

[116] [美] 保罗·A. 萨巴蒂尔，汉克·C. 詹金斯-史密斯．政策变迁与学习：一种倡议联盟途径 [M]．邓征，译．北京：北京大学出版社，2011：24．

[117] [美] 弗朗西斯·C. 福勒．教育政策学导论 [M]．南京：江苏教育出版社，2007．

[118] [美] 弗兰克·鲍姆加特纳，布赖恩·琼斯．美国政治中的议程与不稳定性 [M]．曹堂哲，文雅，译．北京大学出版社，2011：173．

[119] [美] 盖依·彼得斯．美国的公共政策——承诺与执行（第六版）[M]．顾丽梅，等，译．上海：复旦大学出版社，2008：37-38．

[120] [美] 格斯顿．公共政策的制定——程序和原理 [M]．北京：商务印书馆，1990：23．

[121] [美] 詹姆斯·E. 安德森．公共决策 [M]．北京：华夏出版社，1990：69．

[122] [美] 拉雷·N. 格斯顿．公共政策的制定——程序和原理 [M]．朱子文，译．重庆：重庆出版社，2001：23，52，99-120．

[123] [美] 乔恩·谢泼德，哈文·沃斯．美国社会问题 [M]．乔寿宁，

刘乙合，译. 太原：山西人民出版社，1987：3.

[124]［美］托马斯·R. 戴伊. 理解公共政策（第十版）[M]. 北京：华夏出版社，2004：32.

[125]［美］约翰·W. 金登. 议程、备选方案与公共政策[M]. 北京：中国人民大学出版社，2004：4.

[126] 陈嘉陵. 各国地方政府比较研究[M]. 武汉：武汉出版社，1991：10.

[127] 丁煌. 西方行政学说史[M]. 武汉：武汉大学出版社，2006：378.

[128] 胡伟. 政府过程[M]. 杭州：浙江人民出版社，1998：236.

[129] 林尚立. 当代中国政治形态研究[M]. 天津：天津人民出版社，2000：322.

[130] 龙朝双，谢昕. 地方政府学[M]. 武汉：中国地质大学出版社，2001：7.

[131] 邱昌泰. 公共政策：当代政策科学理论之研究[M]. 台北：巨流图书公司，1999：124.

[132] 荣泰生. SPSS 与研究方法（第二版）[M]. 大连：东北财经大学出版社，2012：279.

[133] 舒泽虎. 公共政策学[M]. 上海：上海人民出版社，2005：168.

[134] 吴定. 公共政策[M]. 台北，2002：114.

[135] 吴明隆. 结构方程模型——AMOS 的操作与应用（第 2 版）[M]. 重庆：重庆大学出版社，2010：30.

[136] 王满船. 公共政策制定：择优过程与机制[M]. 北京：中国经济出版社，2004：61.

[137] 应星. 大河移民上访的故事[M]. 北京：三联书店，2001：317.

[138] 扬宏山. 当代中国政治关系[M]. 经济日报出版社，2002：274.

[139] 张国庆. 公共政策分析[M]. 上海：复旦大学出版社，2004：171.

[140] 张金马. 政策科学导论[M]. 北京：中国人民大学出版社，1992：146.

[141] 曾峻. 公共管理新论——体系、价值与工具[M]. 北京：人民出版社，2006：304.

[142] 郑素侠. 媒介化社会中的农民工：利益表达与媒介素养教育 [M]. 北京：中国社会科学出版社，2013：89-90.

[143] 朱光磊. 当代中国政府过程 [M]. 天津：天津人民出版社，1997：83.

[144] 赵德余. 公共政策：共同体、工具与过程 [M]. 上海：上海人民出版社，2011：119.

后　记

本书出版得到兰州财经大学重点学科建设项目、兰州财经大学科研专项经费和兰州财经大学青年学术英才计划资助，在此表示诚挚的感谢！

在书稿完成过程中，感谢我的博士生导师王维平教授的悉心指引，感谢兰州大学管理学院包国宪教授、吴建祖教授、李少惠教授、何文盛院长、何欣副院长、王学军副院长给予的帮助与支持，感谢兰州财经大学工商管理学院诸位领导与同人给予的协助与关怀，感谢王海东博士在数据分析方面给予的指正与启示，感谢在调查过程中予以积极配合的各政府部门工作人员！

最后，感谢我的父母及家人，这份持久的关怀与温暖自始至终是我前进的动力与源泉，谨以此书献给我的至亲至爱！

作者

2017 年 10 月